Straßenbahnen auf der Mönckebergstraße. (Landesmedienzentrum Hamburg)

Stürmische Zeiten

Hamburg in den 60er Jahren

Uwe Bahnsen
Kerstin von Stürmer

CONVENT

© 2006 Convent Verlag GmbH, Hamburg
Umschlaggestaltung: X-six agency GmbH, Hamburg
Satz u. Reproduktion: KCS GmbH, Buchholz/Hamburg
Druck u. Bindung: Druckerei zu Altenburg GmbH, Altenburg
ISBN 3-86633-000-6

www.convent-verlag.de

Inhaltsverzeichnis

Vorwort   8

1961
Zeittafel   9
Paul Nevermann – ein Bürgermeister auch für die Opposition   11
Hafenerweiterung – Hamburgs Investition in die Zukunft   12
Zeitzeuge: Jens Froese – Der Seemann   13
„Freiheit für Berlin!" – Hamburger Demonstration gegen den Mauerbau   15
Neue Sperrgebiets-Verordnung – Beschränkungen für das „horizontale Gewerbe"   16
Falsches Signal – schweres S-Bahn-Unglück am Berliner Tor   16
Entscheidung in letzter Minute: HSV verpasst Europacup-Endspiel   18
Zeitzeuge: Achim Reichel – Der Musiker   19

1962
Zeittafel   22
Sturmflut: Meterhohe Flutwellen verwüsten den Süden Hamburgs   24
Zeitzeuge: Klaus-Peter Behrens – Der Sturmflut-Helfer   27
Großflughafen „Holstenfeld" – ein spektakulärer Plan und sein Ende   30
Staatsbesuch aus Paris: Charles de Gaulle und das „Wunder von Hamburg"   31
Journalisten unter Verdacht: die Spiegel-Affäre und ihr innenpolitisches Nachbeben   33
Das Ende einer Werft – Willy H. Schliekers zerplatzter Lebenstraum   35
Beatles-Begeisterung – die Pilzköpfe spielen im Star-Club   37
Zeitzeuge: Friedrich Schliemann – Der Schulsprecher   38

1963
Zeittafel   40
Gegen „hochgeklappte Bürgersteige" – Hamburgs Innenstadt soll auch abends leben   42
Kälte-Winter: Wochenlanger Frost legt Hamburg auf Eis   43
Öffentliche Anteilnahme – Hamburgs Trauer um John F. Kennedy   44
Contergan-Prozess: Eltern fordern Schadenersatz von Grünenthal   45
Tod einer Legende: Gustaf Gründgens findet in Ohlsdorf seine letzte Ruhe   45
Gegen St. Pauli-Nepp – der Kiez beschließt freiwillige Selbstkontrolle   48
Mord in Eppendorf: Eva Maria Mariotti steht unter Mordanklage vor Gericht   49

1964
Zeittafel   51
Besuch von drüben: erste DDR-Rentner in Hamburg   52
Forschungspolitischer Meilenstein: DESY geht in Betrieb   54

Hafengeburtstags-Begeisterung – behördliche Fehleinschätzung sorgt für Chaos an der Elbe   55
Prozess gegen Sexualstraftäter: Zuchthausstrafe für Fotografen   56
Der Kiez im Kino: Jürgen Roland dreht St. Pauli-Erfolgsfilm   56
Unaufgeklärte Überfälle: Polizei sucht Bankräuber „Spitznase"   57
Zeitzeuge: Peter Tamm – Der Verlagsmanager   58

1965
Zeittafel   62
Die Queen und der Skandal – das politische Ende für Bürgermeister Nevermann   64
Neue Medien-Macht: Der Verlag Gruner & Jahr entsteht   67
Vorreiter im Öffentlichen Nahverkehr: Vier Unternehmen gründen Verbund   68
Mehr Sicherheit auf der Elbe: Neue Radar-Kette geht in Betrieb   69
Wahrheit oder Lüge? Eva Maria Mariotti steht zum zweiten Mal vor Gericht   69
Die „Stones" in der Stadt – Begeisterung und Randale   71
Zeitzeuge: Hans-Werner Funke – Der Konzertveranstalter   73
Henry Vahl – der Ohnsorg-Star wird „Fernseh-Opa der Nation"   76

1966
Zeittafel   77
SPD-Wahltriumph – Herbert Weichmanns Sieg   79
Zeitzeuge: Helmuth Kern – Der Hafen-Senator   80
Wohntürme in St. Georg: Albert Vietor und sein Traum vom Alsterzentrum   83
Zeitzeuge: Herbert von Nitzsch – Der Schiffbauer   84
Der Tod eines Häftlings – die Bürgerschaft untersucht den „Fall Haase"   86
Serienbankräuber gefasst: Ist es „Spitznase"?   88
Bombenalarm im Hauptbahnhof – Erpresser deponiert Sprengsatz im Schließfach   89
Ende des „Hamburger Echo" – SPD-Blatt ist pleite   90

1967
Zeittafel   91
Pfeifkonzerte und Krawalle: Der Schah von Persien in Hamburg   92
„Unter den Talaren – Muff von 1000 Jahren"   94
Landung auf Finkenwerder – der Irrflug der Spantax   96
„Mädchenwohnheime" auf St. Pauli – Großbordelle gegen den Straßenstrich   96
Mehr als 20 Banküberfälle: die „Bank-Lady" aus Altona   98
Endlich gefasst: der Bombenleger „Roy Clark"   98
Ernst Deutsch – Erfolg am Jungen Theater   99
Placido Domingo – erster Auftritt in Hamburg   100
In Dienst gestellt: eine neue „Hanseatic"   101
Zeitzeuge: Björn-Hergen Schimpf – Der Soldat   102

1968
Zeittafel   104
Osterunruhen – Blockade gegen Springer-Zeitungen   105
„American Lancer" – das erste Containerschiff im Hamburger Hafen   108
Ein Jahrhundert-Bauwerk: der neue Elbtunnel   109
Umzug nach 16 Jahren: das neue Spiegel-Verlagshaus   110
Großflughafen Kaltenkirchen – Vertragsunterzeichnung mit viel Optimismus   111
Musical „Anatevka" – Dauerbrenner im Operettenhaus   112
Erstes „Block-House" – Beginn einer Erfolgsstory   113
Zeitzeuge: Eugen Block – Der Gastronom   113
Skandal: Handgreiflichkeiten beim Konzert   115
Erfolgreich auf der Sex-Welle: die „St. Pauli-Nachrichten"   116

1969
Zeittafel   117
Blick voraus ins Jahr 2000: Entwicklungskonzept für Hamburg   118
Zeitzeuge: Helmuth Kern – Der CCH-Initiator   119
Studentenproteste: Kampf mit der Polizei im Philosophenturm   121
Teurer Fehlschlag: das Reynolds-Aluminiumwerk   121
Februar 1969: Hamburg versinkt im Schnee   122
Der erste Mensch auf dem Mond – „Public Viewing" in Hamburg   122
„Harte" Drogen werden zum Problem: die ersten Todesfälle   123
Boy Gobert – der neue Thalia-Intendant   123
Das Ende des NDR-Kinderchors: Chorleiter wegen Unzucht verurteilt   124

1970
Zeittafel   125
Bürgerschaftswahl: Sozialliberale Koalition trotz absoluter Mehrheit der SPD   127
Zeitzeuge: Achim-Helge von Beust – Der Bezirksamtsleiter   128
Neue Hafenordnung: HHLA verliert ihren hoheitlichen Status   130
Reederei-Fusion Hamburg-Bremen – die Hapag-Lloyd AG entsteht   131
Peter Fischer-Appelt – erster Präsident der Hamburger Universität   131
Neuer Konsum-Tempel in Barmbek: das EKZ Hamburger Straße   132
Krise am Deutschen Schauspielhaus: Hans Lietzau kündigt fristlos   133
Im „Onkel Pö" – da spielt 'ne Rentnerband…   134

Literaturverzeichnis   135

Vorwort

„In Hamburg lebt man besser!" Mit dieser stolzen, auch mit Suggestivwirkung ausgestatteten Botschaft zog die SPD, damals die traditionelle Regierungspartei der Hansestadt, in die Bürgerschaftswahl vom 27. März 1966. Das Ergebnis war überwältigend: 59,0 Prozent. Dieser Wahltriumph war gewiss zu einem erheblichen Teil auf die charismatische Persönlichkeit des Spitzenkandidaten und Bürgermeisters Herbert Weichmann zurückzuführen. Doch die Hamburgerinnen und Hamburger waren ganz offensichtlich auch inhaltlich mit dem SPD-Wahlslogan einverstanden, der seine Bestätigung in den einschlägigen Statistiken über das Sozialprodukt und das Einkommen pro Kopf der Bevölkerung fand. Es ging der Stadt, insgesamt gesehen, gut. Die Konsum- und Freizeitgesellschaft bot vielen vieles. Der Wiederaufbau war abgeschlossen, nun musste Hamburgs Infrastruktur entwickelt werden. Das gelang in eindrucksvoller Weise: Neue U-Bahn-Linien, die City Nord, der Fernsehturm, der Wallringtunnel, das Polizeipräsidium, das Einkaufszentrum Hamburger Straße sind einige der Belege dafür.

Zugleich waren die 60er Jahre jedoch für Hamburg ein Jahrzehnt großer Herausforderungen. Die Sturmflut von 1962 stellte die Fähigkeit der Stadt, mit einer Jahrhundert-Katastrophe fertig zu werden, auf die Probe. Der Rechtsstaat und die Pressefreiheit standen auf dem Prüfstand, als 1962 die Spiegel-Affäre und 1968 die Osterunruhen die Republik erschütterten. Der beginnende Siegeszug des Containers revolutionierte die Frachtschifffahrt und warf die Frage nach der Zukunftsfähigkeit des Hamburger Hafens auf. Die Zementierung der deutschen Teilung nach dem Bau der Berliner Mauer verschärfte die Randlage Hamburgs und stellte die politisch Verantwortlichen vor die Notwendigkeit, den Eisernen Vorhang durch geduldige, zähe Handelsdiplomatie durchlässiger zu machen. Überdies entwickelte sich auch in der Hansestadt gegen Ende der 60er Jahre jene tödliche Bedrohung durch den RAF-Terrorismus, die in den 70er Jahren zeitweise die gesamte Republik in einen Ausnahmezustand hineintrieb. Die Journalistin und Verleger-Ehefrau Ulrike Meinhof gehörte zur Hamburger Gesellschaft, bevor sie zur Terroristin wurde, und die Studentin Susanne Albrecht, die das Attentat auf den Bankier Jürgen Ponto, einen Freund ihres Vaters einfädelte, war die Tochter eines prominenten Anwalts, der in der Hansestadt ein Teil des Establishments war. Gudrun Ensslin wurde in einem Geschäft am Jungfernstieg gefasst, Margrit Schiller in einer Telefonzelle in Sasel, Astrid Proll in der Uhlandstraße in Hohenfelde. Hamburg gehörte zu den Städten, in denen der Terrorismus der 70er Jahre seine Wurzeln hatte.

Die elementaren ebenso wie die politischen und die wirtschaftlichen Bewährungsproben, vor denen Hamburg in den 60er Jahren stand, hätten Senat und Bürgerschaft die Frage nahe legen müssen, ob die Entscheidungswege und das gesamte Handlungsinstrumentarium diesen Anforderungen entsprachen. Denn der Bürgermeister zum Beispiel hatte keinerlei Richtlinienkompetenz und konnte im Senat schlichtweg überstimmt werden. Mindestens die Flutkatastrophe hätte Anlass zu Reformen sein müssen. Hätte Helmut Schmidt sich in jenen dramatischen Tagen und Nächten an der Verfassungslage und nicht an den drängenden Notwendigkeiten jeder einzelnen Stunde orientiert – die Zahl der Todesopfer wäre weit höher gewesen. Doch zu einer Verfassungsreform kam es nicht, auch nicht zu einer ernsthaften politischen Diskussion darüber. Das mißtrauisch-betuliche Beharrungsvermögen, das Hamburg so häufig in seiner langen Geschichte geschadet hat, war stärker. Es blieb bei den alten Zöpfen.

1961

Zeittafel

1.1. Paul Nevermann (SPD) tritt als Nachfolger von Max Brauer (SPD) sein Amt als Erster Bürgermeister an. Formeller Beginn seiner Amtszeit ist der 23. Dezember 1960, der Tag seiner Wahl durch den Senat.

23.1. Das neue Postscheckamt am Alten Wall wird bezogen.

1.2. Hamburg erhält durch einen Staatsvertrag mit Niedersachsen die Inseln Scharhörn und Neuwerk. Dort soll ein Tiefwasserhafen gebaut werden.

7.2. In New York beginnt ein „Faust"-Gastspiel des Schauspielhaus-Ensembles mit Gustaf Gründgens.

21.4. Im Volksparkstadion wird eine Flutlichtanlage installiert.

26.4. Der HSV besiegt im Volksparkstadion den FC Barcelona mit 2:1 Toren, doch das Gegentor zehn Sekunden vor dem Abpfiff kostet den HSV den Einzug in das Europapokal-Finale der Landesmeister.

27.7. Auf dem Flughafen Fuhlsbüttel stürzt eine Boeing 707 der Air France beim Start wegen eines gebrochenen Bugrades in eine Baugrube. Neun Passagiere werden verletzt.

18.8. Auf dem Rathausmarkt versammeln sich rund 100.000 Menschen, um gegen den Bau der Berliner Mauer zu protestieren.

22.8. Der Senat verbietet durch eine Sperrgebietsverordnung die Prostitution in St. Georg und in Teilen der Alt- und Neustadt. Der Stadtteil St. Pauli wird ausgenommen.

17.9. Bei der Bundestagswahl verliert die CDU/CSU ihre absolute Mehrheit im Bundestag. Das Hamburger Ergebnis in Zweitstimmen: SPD 46,9 Prozent, CDU 31,9 Prozent, FDP 15,7 Prozent.

5.10. Ein schweres Zugunglück in der Nähe des Bahnhofs Berliner Tor fordert 28 Tote und zahlreiche Verletzte. Ein S-Bahn-Zug kollidiert mit einem Bauzug.

Gründgens in New York. (Ullstein-dpa)

25.10. Die Bürgerschaft verabschiedet ihren langjährigen Präsidenten Adolph Schönfelder (SPD).

27.10. In der Kunsthalle wird eine große Ausstellung mit Werken des französischen Bildhauers Aristide Maillol eröffnet.

30.10. Das Hafenerweiterungsgesetz tritt in Kraft.

12.11. Die SPD mit dem Spitzenkandidaten Bürgermeister Paul Nevermann gewinnt die Bürgerschaftswahl mit 57,4 Prozent der abgegebenen Stimmen. Die CDU kommt auf 29,1 Prozent, die FDP auf 9,6 Prozent.

6.12. Der britische Frachter „Ondo" strandet in den gefürchteten Mahlsänden des Großen Vogelsandes. Das Schiff kann nicht geborgen werden.

13.12. Der SPD-Bundestagsabgeordnete Helmut Schmidt tritt als designierter Innensenator in den Senat ein.

15.12. Für die Reederei Hamburg-Süd läuft bei der Deutschen Werft in Finkenwerder der Schnellgutfrachter „Cap San Diego" (8.981 BRT) vom Stapel.

Die erste Reise der „Cap San Diego" ging nach Montreal mit einer Ladung Volkswagen. (Erich Andres/Landesmedienzentrum Hamburg)

Paul Nevermann –
ein Bürgermeister auch für die Opposition

Am 23. Dezember 1960, drei Tage nach dem Ausscheiden Max Brauers, wählte der Senat den bisherigen Bausenator Paul Nevermann zum Ersten Bürgermeister. Dem Sozialdemokraten aus Altona, der sich über den zweiten Bildungsweg vom Schlosser zum promovierten Juristen hochgearbeitet hatte, blieb bis zur nächsten Bürgerschaftswahl nur knapp ein Jahr, um aus dem Schatten seines großen Amtsvorgängers herauszutreten und ein eigenes Profil zu entwickeln. Er war entschlossen, einen anderen Regierungsstil einzuführen, und so erschien er unmittelbar nach seiner Wahl bei den Rathaus-Journalisten, um ihnen eine Gesprächsoffensive anzukündigen. Sie sollte alle wichtigen gesellschaftlichen Gruppen einbeziehen – die Reeder und Kaufleute, die Industrie, selbstverständlich die Gewerkschaften, aber auch die Kirchen, die Künstler und die Wissenschaftler. Natürlich werde er auch in die Bezirksversammlungen gehen. Dann folgte ein Satz, der dem machtbewussten Max Brauer so wohl kaum über die Lippen gekommen wäre: „Ich bin auch der Bürgermeister der Opposition".

Es lag auf der Hand, dass dieses Vorhaben eine

Bürgermeister Max Brauer (rechts) und sein Nachfolger Paul Nevermann. (Ullstein-dpa)

zwingende Voraussetzung hatte – Freiräume im Terminkalender. Nicht nur deshalb, sondern auch aus grundsätzlichen Überlegungen beschloss der neue Regierungschef, sich vor allem aus den Aufsichtsräten öffentlicher Unternehmen zurückzuziehen. Max Brauer hingegen hatte solche Positionen stets als unverzichtbaren Bestandteil seines Machtsystems betrachtet, und als er erfuhr, dass sein Nachfolger in dieser Hinsicht ganz anderer Meinung war und auch so handelte, kommentierte er das mit entsetzten und bissigen Bemerkungen, die Nevermann natürlich zu Ohren kamen und das ohnehin gespannte Verhältnis beider Spitzengenossen zusätzlich belasteten. Der Bürgermeister ließ sich jedoch nicht beirren. Er hatte nun das, was Brauer vor allem in den letzten Jahren seiner Amtszeit stets gefehlt hatte – Zeit genug, um unter anderem das Verhältnis zu den Nachbarländern zu verbessern, denn ohne deren Mitwirkung waren wichtige Infrastrukturprojekte Hamburgs wie der Ausbau des Flughafens oder der ehrgeizige Plan eines Tiefwasserhafens bei Neuwerk nicht zu verwirklichen. Der Stil des neuen Senatschefs, sein ehrlicher Wille zur guten Zusammenarbeit, wurde in den Landesregierungen der Nachbarländer und in den Kommunen des Umlandes sehr aufmerksam wahrgenommen und auch honoriert. Spannungen und Misstrauen wichen spürbar.

Paul Nevermann hatte eine glückliche Hand in diesen ersten Monaten seiner Regierungszeit, und seine Partei, die SPD, profitierte davon. Das Ergebnis war ein triumphaler Sieg bei der Bürgerschaftswahl des 12. November 1961: Der Stimmenanteil der SPD stieg von 53,9 auf stolze 57,4 Prozent, ihre neue Bürgerschaftsfraktion hatte nun 72 statt bislang 69 Abgeordnete, und auch der Koalitionspartner FDP verbesserte sich von zehn auf zwölf Mandate. Die Regierungspartei und ihr Bürgermeister waren klug genug, die bisherige sozialliberale Koalition fortzusetzen, jedoch mit wichtigen personellen Veränderungen. An die Stelle des Polizeisenators Wilhelm Kröger (SPD), der ebenso wie drei weitere Senatskollegen ausschied, trat am 13. Dezember 1961 ein SPD-Bundestagsabgeordneter, der sich im Bonner Parlament als scharfzüngiger Debattenredner längst einen Namen gemacht hatte: Helmut Schmidt. Er übernahm die Aufgabe, eine schlagkräftige Innenbehörde mit der Zuständigkeit für Polizei, Feuerwehr, Krankentransport, das Statistische Landesamt, den Verfassungsschutz, den zivilen Bevölkerungsschutz und die Bezirksverwaltung aufzubauen. Die Frage, weshalb er die Bundespolitik verlasse und nach Hamburg zurückkehre, beantwortete Helmut Schmidt mit der Feststellung, er habe „viele Jahre Opposition" hinter sich und wolle nun „endlich wieder eine handfeste Arbeit leisten".

Hafenerweiterung – Hamburgs Investition in die Zukunft

Es ging um ein wirklich grandioses, weit in die Zukunft reichendes Projekt – den Bau eines hamburgischen Tiefwasserhafens im Wattenmeer vor Cuxhaven. Anfang Februar 1961 hatte die Hansestadt einen Staatsvertrag mit Niedersachsen geschlossen, das nun zum Ausbau seines Fischereihafens 90 Hektar erhielt, während die Elbinseln Scharhörn und Neuwerk mit dem umliegenden Wattenmeer in das hamburgische Staatsgebiet zurückkehrten, aus dem sie 1937 durch das Groß-Hamburg-Gesetz ausgegliedert worden waren. Für den geplanten Tiefwasserhafen war dieser Vertrag eine unerlässliche Voraussetzung zur Raumsicherung. Die hafenpolitische Strategie des Senats sah vor, den Ausbau des Hamburger Hafens so lange fortzusetzen, wie eine Erweiterung in der Nähe der Stadt mit der Entwicklung der Schifffahrt auf einen Nenner zu bringen war. Das planungsrechtliche Instrument dafür war das Hafenerweiterungsgesetz, das Ende Oktober 1961 in Kraft trat. Zugleich sollte das Fahrwasser der Unterelbe auf zwölf Meter Tiefe ausgebaggert werden. Wenn aber diese Möglichkeiten erschöpft sein sollten, sah der Generalplan für den Hamburger Hafen den Bau des Tiefwasserhafens vor, und der damalige Bundesverkehrsminister Hans-Christoph Seebohm (Deutsche Partei) erklärte zur Genugtuung des Senats und der Hamburger Wirtschaft, dieser Vorhafen müsse d e r deutsche Tiefwasserhafen werden. 15 Kilometer westlich von Cuxhaven sollte eine riesige Hafenanlage mit einem 280 Meter breiten und zwanzig Meter tiefen Hafenbecken entstehen, mit Liegeplätzen für sechs 300.000 t-Tanker. Mit den rund 70 Millionen Kubikmetern an herausgesaugtem und gebaggertem Bodenmaterial sollte eine rund zehn Quadratkilometer große Insel als Hafen- und Industrieareal aufgeschüttet und durch einen Damm für eine Auto- und Eisenbahn mit dem Festland südlich von Cuxhaven verbunden werden.

Doch es kam ganz anders. In der Hamburger SPD entwickelte sich eine von der Basis ausgehende Grundströmung, die sich zunehmend an Kriterien des Umweltschutzes orientierte und immer skeptischer auf Großprojekte dieser Art reagierte. Das definitive Ende dieses damals ehrgeizigsten Projekts für die Zukunftssicherung der Hansestadt besiegelte am 20. November 1979 ein SPD-Landesparteitag. Er forderte gegen den erklärten Willen des Wirtschaftssenators Jürgen Steinert (SPD) den Senat, den damals allein die SPD mit Bürgermeister Hans-Ulrich Klose an der Spitze stellte, und die SPD-Bürgerschaftsfraktion auf, die „Planung und Entwicklung eines Tiefwasserhafens in Neuwerk/Scharhörn... aufzugeben und auf die Einleitung eines Planfeststellungsverfahrens zu verzichten". Die SPD wollte keine „großen", sondern lieber nur noch kleinteilige Lösungen – vor allem um den auf die landespolitische Bühne drängenden Umweltschützern den Wind aus den Segeln zu nehmen. Eine Sachdebatte hatte der SPD-Landesparteitag nicht mehr für nötig erachtet. 20 Millionen Mark an Steuergeldern waren bis dahin in die planerischen Arbeiten geflossen – alles umsonst.

Zeitzeuge: Jens Froese
Der Seemann

Jens Froese (Jahrgang 1941) kam als junger Mann nach Hamburg, um zur See zu fahren. Er ist später Kapitän geworden, war danach Leiter der Hamburger Seefahrtsschule und unterrichtet heute als Professor an der TU Hamburg-Harburg.

Jens Froese erinnert sich an seine ersten Eindrücke von Hamburg Anfang der sechziger Jahre:

Ich kam als junger Mann aus dem Süden Deutschlands, also als Landratte, nach Hamburg. In Bayern, wo meine Familie auf der Flucht aus Ostpreussen nach dem Krieg gelandet war, hatte ich die Schule absolviert. Nach dem Abitur wollte ich so schnell wie möglich auf eigenen Füßen stehen. Der Gedanke, noch jahrelang von meinen Eltern finanziell abhängig zu sein, schreckte mich. So fiel ein mögliches Sportstudium in München–Grünwald aus. Stattdessen zog es mich in die Welt. Bergbau oder Seefahrt hießen die Alternativen. Da mir Gedanken an frische Luft, Sonne und Südsee mehr zusagten als stickige Stunden unter Tage, fuhr ich nach Hamburg. Der Hafen damals, das waren vor allem viele Menschen. Ich stand an den Landungsbrücken und blickte auf die gegenüberliegende Seite. Dort reihte sich Werft an

Jens Froese auf Großer Fahrt. (Privatarchiv)

Werft – Norderwerft, Schlieker, Stülcken, Blohm + Voss und HDW. Da ich rechtzeitig aufgestanden war, erlebte ich den morgendlichen Schichtbeginn. Tausende von Werftarbeitern quollen aus den U-Bahn-Ausgängen und wurden von den Hafenbarkassen auf die andere Elbseite nach Steinwerder gebracht. So hatte ich mir Hamburg vorgestellt!

Ich hatte erfahren, dass in der Arbeitsvermittlung für Seeleute, „Heuerstall" genannt, in der Seewartenstraße (dem heutigen Hotel Hafen Hamburg) die Stellen auf den Schiffen verteilt wurden. Damals konnte man sich noch nicht bei einer Reederei direkt bewerben, man musste zum Heuerstall, der zentralen Stellenvermittlung. Dieses kleine Büro mit vielen Bänken und einer etwa 60 x 60 cm großen Klappe im Erdgeschoss der großen Gebäudes war voller Menschen. Plötzlich öffnete sich die Klappe und eine unwirsche Stimme rief: „Zwei Heizer, ein Bootsmann!" Ein Dutzend Männer sprang auf und warf die Seemannsbücher in die Klappe, die sich sofort wieder schloss. Eine halbe Stunde später öffnete sie sich wieder, ein Stapel Seemannsbücher wurde zurückgegeben, drei blieben übrig. Die Besitzer dieser Dokumente erfuhren, auf welchem Schiff sie angeheuert hatten.

Gut vier Stunden wartete ich nun schon in dem ungastlichen Büro, bis sich endlich die Klappe wieder öffnete. Diesmal erklang der Ruf, auf den ich so lange gehofft hatte: „Ein Schiffsjunge!" Ich warf mein Seemannsbuch in die Klappe, der dahinter sitzende Mann schaute mich lange an, blickte auf das nagelneue Buch, schüttelte den Kopf: „Nee, min Jung, das ist nichts für Dich!" Das Schiff, das einen Schiffsjungen suchte, würde gut 18 Monate weg von Europa sein, dafür sei ich wohl doch zu jung.

Enttäuscht setzte ich mich wieder auf die Bank und wartete – weitere eineinhalb Stunden. Als ich dann die Stelle immer noch wollte, hatte der Mann ein Einsehen und ich meine erste Heuer:

Auf der „Sabine Howaldt" sollte ich tatsächlich 18 Monate unterwegs sein, mit harter Arbeit, viel schlechtem Wetter, schrecklicher Seekrankheit auf der ersten Reise von Hamburg über Gent (Belgien) mit Zementladung nach West Palm Beach (Florida) und einer Heuer von 45 DM. Wir lagen in sehr modernen Zwei-Mann-Kammern an Bord, auf anderen Schiffen gab es damals noch bis zu Sechs-Mann-Kammern. Wir hatten jedoch keine Klimaanlage, und mitunter wurde das Trinkwasser knapp – Arbeits- und Lebensbedingungen an Bord, die heute, 45 Jahre später, nicht mehr vorstellbar sind.

Als ich wieder nach Hamburg kam, war der Heuerstall Geschichte, die Veränderungen im Hamburger Hafen hatten auch hier begonnen. Die Seeleute mussten sich nun direkt bei einer der Reedereien bewerben. Ich bekam eine Stelle bei der Reederei Hamburg-Süd, machte dort eine ordentliche Berufsausbildung und studierte später.

Die Seereisen in den sechziger Jahren dauerten sehr viel länger als heute, aber gelegentlich kam man doch nach Hamburg. Die Gastronomie im Hamburger Hauptbahnhof in der Wandelhalle, von beeindruckender Größe auf zwei Etagen, dort, wo heute Läden und Imbiss-Stände sind, war beliebter Treffpunkt. Es war einfach schön, dort zu sitzen, Hamburger Luft zu atmen, den Landmenschen zuzusehen und das Hamburger Abendblatt zu lesen. Nachrichten waren auf großer Fahrt Mangelware.

Das Vergnügungsangebot für die wenigen freien Abende war mehr als ausreichend. Wollte man aber seinen ohnehin flachen Geldbeutel schonen und trotzdem einen netten Abend erleben, ging man gerne in das Tanzlokal „Lübscher Baum" in Hohenfelde, das damals schon die Ausmaße späterer Diskotheken hatte, wo die Musik aber noch eine Chance für ein Gespräch oder einen kleinen Flirt ließ.

„Freiheit für Berlin!"
Hamburger Demonstration gegen den Mauerbau

Mit dem Geläut der Berliner Freiheitsglocke, das aus der geteilten Stadt übertragen wurde, begann am 18. August 1961 eine der größten Kundgebungen der Nachkriegszeit auf dem Rathausmarkt. Mehr als 100.000 Menschen, auffallend viele Jugendliche unter ihnen, waren gekommen, um für die Freiheit Berlins und der DDR (damals offiziell noch Sowjetzone genannt) zu demonstrieren. Eine Woche zuvor, am 13. August, hatte die DDR die Übergänge zwischen Ost- und West-Berlin und von den Westsektoren in die DDR abgeriegelt und mit dem Bau der Mauer quer durch die Stadt begonnen, um den Flüchtlingsstrom zu unterbinden. Allein in den ersten zwölf Augusttagen 1961 hatten rund 155.000 Bürger der DDR dem SED-Regime den Rücken gekehrt.

Bürgermeister Dr. Paul Nevermann forderte in seiner Eröffnungsansprache: „Berlin muss frei bleiben, und die Zone muss frei werden! Unsere Schutzmächte müssen Anklage bei einem Schiedsgericht der Vereinten Nationen erheben! Hamburg ruft das Gewissen der Welt!"

Das Regime in der Sowjetzone, so fuhr der Bürgermeister fort, habe keinerlei Rechtsgrundlage, im Ostsektor Berlins eine Stacheldrahtgrenze zu errichten: „Die Sektorengrenze ist keine Staatsgrenze, der Ostsektor von Berlin ist kein Territorium der Sowjetunion." Kein Land der Welt habe das Recht, mit Waffengewalt Menschen bei sich zurückzuhalten, die in diesem Land nicht leben wollen: „Die Flüchtlinge haben mit den Füßen abgestimmt. Das Stacheldrahtgesetz ist ein Gesetz der Angst der Zonenregierung." Nevermann rief dazu auf, das SED-Regime vor allem im kulturellen und sportlichen Bereich zu boykottieren, denn „wenn wir so tun, als ob nichts geschehen wäre, fühlen sich unsere Landsleute in der Zone verraten… Der Stacheldraht ist zum Symbol der Kommunisten geworden. Sagt es, wo ihr geht und steht: Kommunismus ist Diktatur, und der Stacheldraht muss weg!"

Handelskammer-Präses Hans Rudolph Freiherr von Schröder rief der Menschenmenge zu, es sei zwar im allgemeinen nicht Sache der Wirtschaft, zu politischen Tagesfragen öffentlich Stellung zu nehmen, doch „wenn die Lebensgrundlagen der Nation in Frage gestellt sind, dann können auch Vertreter der Wirtschaft nicht schweigen". Schröder appellierte an die Kaufmannschaft, die Einkäufer und Vertreter, sich angesichts der Vorgänge in Berlin im Handelsverkehr mit der Sowjetzone von den Gesichtspunkten der nationalen Würde leiten zu lassen: „Sie sollten ihre Geschäftsinteressen diesem Gebot und dem der nationalen Solidarität unterordnen. Wirtschaft und Wohlstand, wie wir sie verstehen, können nur gedeihen in der Freiheit. Für die Erhaltung dieser Freiheit aber ist kein Opfer zu groß." Auch der Vorsitzende des DGB-Landesbezirks Nordmark, Wilhelm Walter, forderte nationale Solidarität: „Die freien Berliner haben ihre Stimme erhoben. Wir greifen den Ruf auf. Die ganze Welt muss sich der Forderung anschließen: Macht das Tor wieder auf!" Die Kundgebung klang aus mit der Nationalhymne und dem Geläut der Berliner Freiheitsglocke.

Bei der Bundestagswahl vom 17. September 1961 zeigte sich, dass die Ereignisse des 13. August auch im freien Teil Deutschlands eine tiefe Zäsur darstellten: Die Unionsparteien verloren die absolute Mehrheit, die sie vier Jahre zuvor errungen hatten. In der Hansestadt ging der Zweitstimmen-Anteil der CDU von 37,4 auf 31,9 Prozent zurück, die FDP verbesserte sich sensationell von 9,4 auf 15,7 Prozent, und auch die Sozialdemokraten legten etwas zu – von 45,8 auf 46,9 Prozent. Hamburg erwies sich einmal mehr als ein empfindlicher Seismograph künftiger Entwicklungen.

Neue Sperrgebiets-Verordnung: Beschränkungen für das „horizontale Gewerbe"

Mit einer am 22. August 1961 erlassenen Sperrgebietsverordnung versuchte der Senat, die Prostitution im Stadtteil St. Georg und in Teilen der Alt- und Neustadt einzudämmen. Das Vergnügungsviertel St. Pauli blieb von dem Verbot ausgenommen. Vorausgegangen waren dieser Verordnung massive Bürgerproteste gegen die „Gewerbsunzucht" auf offener Straße. Grundeigentümer, aber auch zahlreiche Mieter und das katholische Pfarramt St. Marien hatten eine Petition gegen das „Dirnenunwesen in St. Georg" auf den Weg gebracht und darin nicht nur auf die Belästigung der Anwohner, sondern vor allem auf die sittliche Gefährdung spielender Kinder hingewiesen. Zwar gelang es nicht, die Prostitution in St. Georg völlig zu unterbinden, doch das „horizontale Gewerbe" suchte nun vorwiegend auf St. Pauli neue Einnahmequellen. Die Folge war, dass auch dort die Bürgerproteste lauter wurden. Die Lösung, auf die der Senat verfiel, bestand in der behördlichen Beschränkung der offenen Prostitution auf die Zeit von 20 bis 6 Uhr, und tagsüber auf das mit Sichtblenden versehene Bordellquartier Herbertstraße und auf Kontakthöfe.

Falsches Signal – schweres S-Bahn-Unglück am Berliner Tor

28 Todesopfer, 30 Schwerverletzte und rund 60 Leichtverletzte forderte am Abend des 5. Oktober 1961 ein S-Bahn-Unglück am Bahnhof Berliner Tor, das zu den schwersten Schienenkatastrophen in der Hansestadt zählt. Der voll besetzte S-Bahn-Halbzug 3.819, der um 22.30 Uhr den Hauptbahnhof in Richtung Bergedorf verlassen hatte, fuhr mit einer Geschwindigkeit von rund 70 Stundenkilometern auf

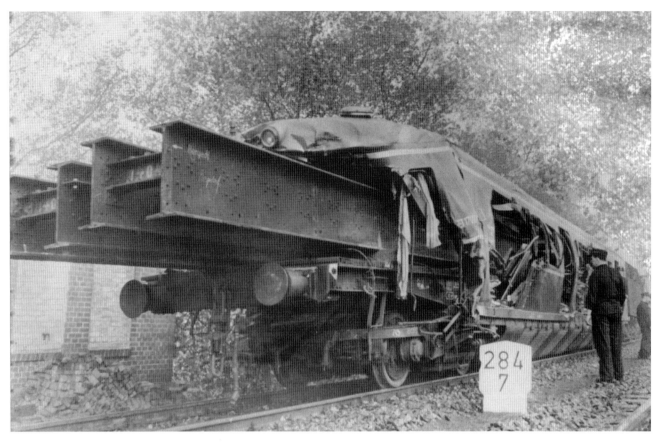

Zugunglück Nähe Berliner Tor: Stahlträger haben einen S-Bahnwaggon durchbohrt. (Ullstein-UPI)

einen Bauzug auf, dessen letzter Wagen zwei riesige Doppel-T-Träger für eine Brücke geladen hatte. Die Träger bohrten sich etwa 13 Meter tief in den ersten S-Bahn-Wagen, in dem sich mehr als 80 Fahrgäste befanden. Es war 22.38 Uhr. Der Aufprall war weithin zu hören, „wie ein Bombeneinschlag", so Augenzeugen. Passanten, die sich zu dieser späten Stunde auf der Wendenstraße aufhielten, kletterten keuchend den über zehn Meter hohen Bahndamm empor und sahen auf der Brücke über dem Mittelkanal grausige Szenen: Die Stahlträger hatten den S-Bahn-Wagen völlig zusammengedrückt. Aus den zertrümmerten Fenstern hingen verstümmelte Menschen. Schwerverletzte, die eingeklemmt waren, schrien um Hilfe. An vielen Stellen tropfte Blut auf den Schotter des Bahndamms. Eine Minute nach dem Aufprall, um 22.39 Uhr, wurde in der Hauptfeuerwache am Berliner Tor Großalarm ausgelöst. Alle verfügbaren Notärzte und Rettungssanitäter versuchten, zu retten, was zu retten war. 26 Menschen, unter ihnen der Zugführer, konnten nur noch tot geborgen werden, zwei weitere erlagen wenig später ihren Verletzungen. Bereits kurz nach dem Unglück wurde der 57-jährige Fahrdienstleiter Alfred M. festgenommen. Die Ermittlungen ergaben menschliches Versagen als eindeutige Ursache. Der Bundesbahnobersekretär hatte im Stellwerk Btb an der Ostseite des Bahnhofs Berliner Tor das Ausfahrtsignal für den im Bahnhof haltenden S-Bahn-Zug 3819 auf Grün gestellt, obgleich er wissen musste, dass wenige Minuten zuvor der Bauzug an seinem Stellwerk vorbeigerollt war. Da das Ausfahrtsignal auf Grün gesprungen war, hatte auf dem Bahnsteig Berliner Tor der Aufsichtsbeamte dem Zug das Abfahrtsignal gegeben. Auch der Triebwagenführer wusste nichts von dem auf demselben Gleis stehenden, unbeleuchteten Bauzug und beschleunigte das Tempo, wie nach jedem Halt an einem Bahnsteig. Der Fahrdienstleiter, bis dahin ein untadeliger Beamter, hatte das furchtbare Unglück zweifelsfrei und allein verschuldet. Alfred M. wurde am 13. Februar 1963 wegen Eisenbahntransportgefährdung, fahrlässiger Tötung in 28 Fällen und fahrlässiger Körperverletzung zu einem Jahr Gefängnis verurteilt.

Entscheidung in letzter Minute: HSV verpasst Europacup-Endspiel

Gesiegt und doch verloren – mit diesem Ergebnis ging am Abend des 26. April 1961 die HSV-Elf in die Kabinen des Volksparkstadions. Die Dramatik dieser Begegnung gegen die hochbezahlten Profi-Kicker des FC Barcelona ist in der langen Vereinsgeschichte ohne Beispiel. Millionen Zuschauer verfolgten diese Begegnung an den Fernsehgeräten. Die Straßen waren wie leergefegt.

Tor für Barcelona. (Ullstein-Conti-Press(L))

Der HSV führte 2:0, bis in die letzte, die 90. Spielminute. Souverän beherrschte die Mannschaft um Uwe Seeler das Mittelfeld. Doch dann geschah es: Einen Fehlpass zwischen Uwe Seeler und Klaus Neisner nutzten die Gäste sofort aus, und ihr Halbrechter Sandor Kocsis verwandelte eine Flanke innerhalb von zehn Sekunden zu einem Treffer wie aus dem Bilderbuch. Die HSV-Elf war wie erstarrt, als Schiedsrichter Versyp wenige Sekunden später das Spiel abpfiff. Der HSV hatte mit diesem Gegentor in buchstäblich letzter Minute den Einzug in das Endspiel um den Europapokal der Landesmeister verpasst. Nun hatte jede der beiden Mannschaften im Hin- und Rückspiel bei 2:2 Punkten auch ein Torverhältnis von 2:2. Ein drittes Spiel war erforderlich, das der HSV am 3. Mai in Brüssel mit 0:1 verlor.

Zeitzeuge: Achim Reichel
Der Musiker

Der Musiker und Seemannssohn Achim Reichel (Jahrgang 1944) ist auf St. Pauli aufgewachsen.

1961 gründete er mit Freunden die Rockband „The Rattles" und begründete damit seine erfolgreiche Musiker-Karriere, die bis heute andauert.

Achim Reichel erinnert sich an die sechziger Jahre auf dem Kiez und an seine musikalischen Anfänge:

1961 war das Geburtsjahr der „Rattles". Die Gruppe war aus einer Jugendfreundschaft entstanden. Herbert Hildebrand, der spätere Bassmann, und ich kannten uns aus der zweiten Knabenmannschaft des FC St. Pauli, in der ich mit wechselndem Erfolg das Tor hütete.

Nicht nur der Fußball schweißte uns St. Pauli-Jungs zusammen, sondern auch die Musik. Wir waren das, was man damals „Tonbandamateure" nannte.

Einmal in der Woche präsentierte Chris Howland die Hits aus den USA und England, und wir Jungs saßen vor dem Radio und drückten die Aufnahmetaste unseres Tonbands. Nachts stiegen wir auf Radio Luxemburg um. Im englischsprachigen Programm des Senders war all das zu hören, was hierzulande, wenn überhaupt, erst Monate später auftauchte. Das Rauschen auf der Mittel- und Kurzwelle – anders kam Radio Luxemburg hier nicht an – störte uns nicht.

Wenn wir etwas Geld übrig hatten, kauften wir die neuesten Singles bei Sonnenberg in der Mönckebergstraße und spielten sie uns gegenseitig vor.

Ich war in dieser Zeit Lehrling im Landungsbrücken-Restaurant. Ich wollte und sollte Kellner werden. Wie mein Vater und mein Großvater zuvor wollte ich anschließend als Schiffssteward zur See fahren.

Meine ersten eigenen musikalischen Aktivitäten waren eng verbunden mit dieser Lehrstelle: Bei einem Freund und Lehrlings-Kollegen hing zu Hause eine Gitarre an der Wand. Keiner benutzte sie, und das gute Stück setzte allmählich Staub an. Ich fragte meinen Lehrkollegen, ob er das Instrument denn brauche. Nein, er könne sowieso nicht spielen, so seine Antwort. Ich habe die Gitarre schließlich gegen einen Plattenspieler eingetauscht, so kam ich zu meinem ersten Instrument.

Auch mein Freund Herbert hatte sich eine Gitarre organisiert. Wir waren der Meinung, wir sollten doch einmal nachspielen, was unsere Idole auf dem verrauschten Tonband vormachten.

Einen Übungsraum hatten wir schnell gefunden. Im Freizeitzentrum des Hansischen Jugendbundes in der Herrenweide, gleich hinter dem Oase-Kino, war ein Kellerraum frei. Die Leiterin meinte, dort könnten wir soviel Krach machen, wie wir wollten.

Wir stellten unsere alten Radios hin, steckten die

Gitarrenkabel in den Plattenspieler-Eingang, drückten die Plattenspieler-Taste – und los ging´s!

Während wir mit viel Spaß vor uns hin übten, hatte die Leiterin des Freizeitheims die nächste Idee. Nun probten wir doch schon so lange, jetzt wolle sie auch endlich einmal hören, was wir da so spielten. „Beim nächsten Tanzabend gehört die Bühne euch!"

Ich war damals gerade 17 Jahre alt, und meine Mitstreiter waren kaum älter. Nun sollten wir auf die Bühne, und wir wussten nicht so recht, ob wir uns freuen oder in Panik geraten sollten.

Herbert war gelernter Schlosser, er bastelte Galgenstative aus Eisenrohr für unsere Mikrofone, und wir fühlten uns an diesem Tanzabend plötzlich wie die ganz Großen.

Zufällig saß ein Promoter im Publikum, der uns mit Anschlussaufträgen versorgte. Tagsüber ging es zum Kellnern ins Landungsbrücken-Restaurant, abends zum Üben, und an den Wochenenden spielten wird von Bramfeld bis Rendsburg, von St. Pauli bis Flensburg. Für unsere ersten Auftritte kassierten wir zwischen 25 und 50 DM, für uns war das viel Geld und das Bewusstsein, dass wir unser Hobby bezahlt bekamen.

1962 waren wir schon so fit, dass wir als Lokalmatadore an einem Nachwuchs-Wettbewerb im Star-Club teilnahmen.

Der Musikclub in der Großen Freiheit war damals die angesagteste Adresse. Hier spielten Ray Charles und Jerry Lee Lewis, hier konnte man auch Fats Domino für fünf Mark Eintritt hören, die Flasche Bier kostete eine Mark fünfzig.

Zu unserer eigenen Überraschung gewannen wir diesen Wettbewerb. Von da an war klar, dass es mit einer Karriere als Schiffssteward nichts werden würde. Ich hatte zudem ausgelernt und war frei für die Musik.

Dank des Star-Club-Wettbewerbs und der anschließenden Auftritte waren wir schnell bundesweit bekannt. Wir hatten das Gefühl, wir könnten alles schaffen. Alles war möglich, wenn man nur wollte! Wir spielten die Musik, die wir liebten, und wir bewunderten auch die damaligen Stars. Im „Top Ten" stand Tony Sheridan auf der Bühne, begleitet von den Beatles. Die Jungs saßen in Lederjacken mit hochgestellten Kragen auf ihren Verstärkern, während Tony Sheridan sang – wir fanden das cool. Für uns war es damals schon das Größte, mit einer echten Elektrogitarre vor Publikum spielen zu dürfen. Allmählich jedoch wurden unsere Bühnenauftritte immer professioneller. Auf Konzert-Touren gewannen wir weitere Erfahrungen und lernten, dass die Großen der Zunft auch nur mit Wasser kochten. In Großbritannien waren wir mit den Rolling Stones und den Everly Brothers auf Tour. Zum ersten Mal erlebten wir kreischende Fans, bis dahin kannten wir dies nur aus der Wochenschau. Beim legendären Konzert der Beatles 1966 in der Hamburger Ernst-Merck-Halle traten wir als Vorgruppe auf. Wir kannten sie ja bereits länger vom Kiez als äußerst umgängliche Jungs mit einem Schuss des typischen englischen Humors. Den präsentierte John Lennon einmal im Star-Club, als er nachts gegen drei Uhr nackt auf der Bühne stand, die Klobrille aus der Garderoben-Toilette über den Kopf gezogen und ansonsten nur mit einer Gitarre bekleidet...

Zu Beginn ihrer Karriere waren die Beatles eine Band von vielen, die auf dem Kiez musizierten. St. Pauli schien mir zu Beginn der sechziger Jahre weitaus weniger kriminell als heute. Es gab weniger Drogen, an der Tagesordnung waren jedoch Schlägereien und Betrügereien in der Gastronomie.

Wir Musiker, die bis in den Morgen hinein spielten, hielten uns mit Captagon wach. In den Hinterzimmern liefen 8mm-Pornofilme, die sogenannten „blue movies", die meist aus dem freizügigen Skandinavien kamen. Wenn der Film klemmte, ging das Zelluloid in Flammen auf.

Das Image des Star-Clubs war besonders bei Eltern umstritten, die ihre Kinder mitten ins „Sündenbabel" gehen sahen – auf die Große Freiheit, vorbei an barbusigen Mädchen, an richtigen Nutten. Viele unserer Fans waren deshalb heimlich da. Für mich war die Umgebung nicht neu, ich bin auf St. Pauli aufgewachsen und kannte die Reeperbahn von meinem täglichen Schulweg.

Achim Reichel vor seiner Einberufung zur Bundeswehr. (Ullstein-Estorff)

Die Deutschland-Tournee zusammen mit den Beatles 1966 war für mich Höhepunkt und gleichzeitig das vorläufige Ende der „Rattles". 1967 wurde ich zur Bundeswehr eingezogen und rückte in die Hanseaten-Kaserne Wandsbek ein.

Die Bundeswehrzeit war für mich die interessante Erfahrung, mit der ungewohnten körperlichen Belastung klarzukommen. Ich stellte fest, dass ich auch das hinkriegte. Viel schwieriger war der Spagat zwischen meiner Popularität draußen und der Unterordnung bei der Bundeswehr. Ich bekam einen Extra-Spind für meine Fanpost, und nach dem notwendigen Erst-Besuch beim Standort-Friseur tütete dieser meine abgeschnittenen Haare portionsweise ein und verkaufte sie heimlich an Fans.

Am Ende der Bundeswehr-Zeit stand ich als Unteroffizier selbst vor einer Gruppe junger Soldaten. Nicht selten beschlich mich der Gedanke, dass die jungen Kerls vor nicht allzu langer Zeit möglicherweise als Fans in meinen Konzerten waren. Ich als Ausbilder – an den Gedanken musste ich mich erst gewöhnen.

1962

Zeittafel

12.1. Bürgermeister Dr. Paul Nevermann (SPD) und der Kieler Ministerpräsident Kai-Uwe von Hassel (CDU) einigen sich über den Bau eines norddeutschen Großflughafens bei Kaltenkirchen.

20. 1. Auf dem Großen Vogelsand in der Elbmündung strandet der italienische Erzfrachter „Fides". Seit dem 6. Dezember liegt dort bereits der britische Frachter „Ondo" fest.

16./17.2. Eine Flutkatastrophe an der gesamten Nordseeküste fordert in Hamburg 317 Todesopfer. Rund 20.000 Menschen werden obdachlos.

28.2. Die Bundesregierung beschließt ein umfangreiches Soforthilfe-Programm mit einem zweijährigen Überbrückungskredit für die Hansestadt.

8.3. Die HHA erprobt den ersten vollelektronisch gesteuerten U-Bahn-Zug.

2.4. 750. Aufführung des Volksstücks „Die Zitronenjette" von Paul Möhring im St. Pauli-Theater.

11.4. Die deutsche Fußball-Nationalmannschaft schlägt im Volksparkstadion die Elf von Uruguay mit 3:0 Toren.

„Fides" (vorn) und „Ondo" in den Mahlsänden Großer Vogelsand. (Ullstein-AP)

13.4. Eröffnung des Star-Clubs in der Großen Freiheit auf St. Pauli. Gäste im Programm sind die „Beatles" aus Liverpool.

27.4. Die Nordwestdeutsche Gesellschaft für Kinderheilkunde erörtert die Frage, ob es einen Zusammenhang zwischen der auffälligen Häufung körperlicher Mißbildungen bei Neugeborenen und dem Schlafmittel „Contergan" gibt.

Ende April. Mehr als 600.000 Hamburger beteiligen sich an einer Schluckimpfung gegen die Kinderlähmung.

Anfang Juni. Rund 1.200 Beamte ziehen aus dem Hochhaus am Karl-Muck-Platz in das neue Polizeipräsidium am Berliner Tor, das nach vierjähriger Bauzeit fertiggestellt ist.

4.6. Bürgermeister Dr. Paul Nevermann (SPD) eröffnet den neuen Obst- und Gemüsegroßmarkt in Hammerbrook.

10.8. Das Hamburger Amtsgericht eröffnet das Konkursverfahren über die Werft Willy H. Schlieker KG.

7.9. Der französische Staatspräsident Charles de Gaulle kommt im Rahmen seines Deutschland-Besuchs nach Hamburg und wird begeistert gefeiert.

10.9. In Wentorf stirbt Hamburgs erster Nachkriegsbürgermeister Rudolf Petersen (82).

30.9. Die Hauptkirche St. Nikolai am Klosterstern wird geweiht.

Das neue Polizeipräsidium am Berliner Tor im Bau. (Ullstein-Alert)

Die neue Hauptkirche St. Nikolai in Harvestehude. (Ullstein-Sylent-Press)

13.10. Seit 100 Wochen läuft der Film „Ben Hur" im Savoy-Kino am Steindamm.

25.10. Die HHA nimmt die U-Bahn-Strecke zwischen Jungfernstieg und Wandsbek-Gartenstadt in Betrieb.

26.10. Polizeibeamte besetzen und durchsuchen im Auftrag der Bundesanwaltschaft die Redaktionsräume des Nachrichtenmagazins „Der Spiegel" im Pressehaus: Verdacht auf Landesverrat. Beginn der Spiegel-Affäre.

14.11. Im Jenischpark wird das von dem Mäzen Hermann F. Reemtsma gestiftete Barlach-Museum eröffnet. Es stammt von dem Architekten Werner Kallmorgen.

Sturmflut:
Meterhohe Flutwellen verwüsten den Süden Hamburgs

Das Verhängnis hatte bereits einen Namen, bevor es über die Stadt hereinbrach: „Vincinette", die Siegreiche, hatten Meteorologen an der amerikanischen Ostküste den Orkan getauft, der über den Atlantik zog, und ihre deutschen Kollegen nannten ihn genau so. Am 16. Februar 1962, einem Freitag, strahlte der Norddeutsche Rundfunk in seinem Hörfunkprogramm tagsüber mehrfach Warnungen vor einer sehr schweren Sturmflut aus, am Abend auch in den Fernseh-Nachrichten der „Tagesschau". Doch welche Gefahr tatsächlich drohte, wurde nicht erkannt – nicht von den Behörden, und schon gar nicht von den Menschen in den elbnahen Stadtteilen, in Wilhelmsburg vor allem, die am späten Abend und in der Nacht von einer der schlimmsten Katastrophen der hamburgischen Stadtgeschichte heimgesucht wurden. Die Deiche galten als sicher für einen Hochwasserstand bis zu 5,70 Metern. Bei Berücksichtigung eines Unsicherheitsfaktors bedeute das, so hatten die Behörden nach der Hochwasserkatastrophe in Holland 1953 verkündet, für Hamburg eine absolute Sicherheit vor einer Sturmflut mit Hochwasser bis zu 4,20 Metern. Das erwies sich als ein verhängnisvoller Irrtum. Mit Windgeschwindigkeiten von bis zu 150 Stundenkilometern trieb der Orkan „Vincinette" an diesem Abend ungeheure Wassermassen gegen die gesamte

Deichbruch in Neuenfelde. (Ullstein-Günther Krüger)

Rettungsaktion in letzter Minute. (Ullstein-dpa)

deutsche Nordseeküste und in die Elbmündung. Es kam zur schwersten Sturmflut seit dem 4./5. Februar 1825. Ihr Leben verloren 340 Menschen, davon 317 in Hamburg. Mehr als 20.000 Personen wurden obdachlos. Der gesamte Sachschaden belief sich auf fast drei Milliarden Mark. Ein Fünftel des hamburgischen Staatsgebietes stand unter Wasser. Die Flut erreichte sogar die Innenstadt – den Rathausmarkt, den Rödingsmarkt, die Ost-West-Straße.

Die Katastrophe begann gegen Mitternacht, als an mehreren Stellen, so in Neuenfelde und Altenwerder, das Wasser über die aufgeweichten Deichkronen lief. Kurz darauf, um 0.14 Uhr, kam es am Neuenfelder Rosengarten zum ersten von insgesamt mehr als 60 Deichbrüchen. Eine Warnung der Bevölkerung war nur noch in Ausnahmefällen möglich – die Stromversorgung und das Telefonnetz fielen aus. Eine meterhohe Flutwelle überschwemmte den von der Norder- und der Süderelbe umschlossenen Stadtteil Wilhelmsburg. 60.000 Menschen waren in Gefahr. Vor allem in den tiefer gelegenen Gartenkolonien mit zahlreichen Behelfsheimen kam es zu unzähligen Tragödien. Viele Menschen wurden im Schlaf von der Flut überrascht oder ertranken bei dem Versuch, sich auf Dächer oder Bäume zu retten.

Dieses Unheil traf eine Stadt, die darauf nicht im entferntesten vorbereitet war. Sieben verschiedene Behörden waren an den Kompetenzen beteiligt, deren straffe Bündelung für die Bekämpfung einer solchen Katastrophe unerlässlich ist. Auch die gesetzlichen Rahmenbedingungen waren völlig unzureichend. Die Innenbehörde gab es noch nicht – der seit dem 13. Dezember 1961 amtierende Polizeisenator Helmut Schmidt (SPD) sollte sie erst aufbauen. Als er kurz nach der Rückkehr von einer Sitzung der Innenministerkonferenz in Berlin am frühen Morgen des 17. Februar im Polizeipräsidium am Karl-Muck-Platz eintraf, fand er eine überaus labile Situation vor. Zwar hatten vor allem Polizei und Feuerwehr bereits Rettungsmaßnahmen eingeleitet, doch von einem entschlossenen Kampf gegen diese Flutkatastrophe konnte keine Rede sein. Die Herausforderung, vor der der 43-jährige SPD-Politiker stand, war ungeheuerlich. Er musste aus dem Stand und im dramatischen Wettlauf mit der Zeit ein Krisenzentrum aufbauen und mit einem Einsatzstab eine riesige Rettungsaktion organisieren, für die es kein Beispiel gab. Auf dem Höhepunkt gebot er über Rettungskräfte von insgesamt 40.000 Mann. Helmut Schmidts grandiose Leistung in jenen Tagen und Nächten, an der die Unterstützung durch die Bundeswehr einen großen Anteil hatte, ist vielfach beschrieben worden und braucht hier nicht noch einmal im Detail gewürdigt zu werden. Er selbst hat zunächst mit bis zu 10.000 Todesopfern gerechnet, behielt diese Befürchtung jedoch für sich.

Weniger bekannt ist, was sich in der Katastrophennacht und am Tag darauf im Hamburger Rathaus, dem Sitz von Senat und Bürgerschaft, abspielte. Der damalige Senatssprecher Erich Lüth hat beschrieben, was er dort vorfand, als er gegen 6 Uhr früh, von einem Journalisten alarmiert, in der politischen Schaltzentrale des Stadtstaates eintraf. Er war der erste leitende Beamte, der zu dieser frühen Stunde im Rathaus erschien. Das Flutwasser war in den Heizungskeller eingedrungen und hatte die Rohre der Fernheizung überschwemmt. Die Folge waren dichte Dampfschwaden, die durch das riesige Gebäude zogen: „Den Weg in meine Dienststelle konnte ich nur mühselig finden. Die Diele des Rathauses, das

Einwohner von Waltershof bergen die wenigen Habseligkeiten, die übrig blieben. (Ullstein)

Treppenhaus zum Obergeschoss des Verbindungsflügels zur Börse, in dem meine Diensträume lagen, waren von brodelnden Wasserdämpfen erfüllt. So musste ich den Weg in mein eigenes Zimmer ertasten und konnte nur schrittweise vordringen… In meinem Zimmer angelangt, riss ich sofort die Fenster auf, um den Dampf abziehen zu lassen, dann ging ich über den Korridor in die Räume der Nachrichtenabteilung und machte dort Gegenzug. Ich prüfte meine Telefonleitungen. Sie rauschten… Der Gedanke, in einer Kommandostelle von der Monumentalität unseres Rathauses zu stehen, die wegen Wasserdampf und ausgefallener Telefone funktionsunfähig schien, war höchst unerquicklich… Als es im Rathaus durch Ausfall des elektrischen Stroms keine Beleuchtung mehr gab, fehlte ein Notaggregat. Als ich im dichten Wasserdampf an meinem Schreibtisch Telefonnummern suchte, um wichtige Personen zu alarmieren, fehlte mir die Taschenlampe. Als wir die Telefonzentrale besetzen lassen wollten, waren die Bediensteten zwar bei ihren Kollegen genau bekannt, aber zufällig wusste man von dem entscheidenden Mann nur den Vornamen, der im Telefonbuch unauffindbar blieb…"

Diese Szenen waren symptomatisch für die damaligen Defizite Hamburgs in der Katastrophenabwehr, die eine Untersuchungskommission unter Leitung des Industriellen Otto A. Friedrich später auch detailliert ermittelt hat.

Um 11 Uhr trat der Senat zu einer Sondersitzung zusammen, allerdings ohne Bürgermeister Dr. Paul Nevermann (SPD), der einen Kuraufenthalt abgebrochen hatte und sich auf dem Rückweg nach Hamburg befand. Helmut Schmidt erinnerte sich ein Jahr später an dieses bedrückende Konklave: „Die Ratsstube lag im fahlen Dämmerschein des Oberlichts, der Strom war ausgefallen. Ich musste daran denken, dass ich erst vor neun Wochen, unmittelbar nach dem Eid auf die Verfassung vor der Bürgerschaft, zum ersten Mal an diesem Hufeisentisch Platz genommen hatte. Jetzt saß ich hier im Mantel wie meine fröstelnden Kollegen und bekam ganz außerordentliche Vollmachten."

Am 26. Februar nahmen rund 100.000 Hamburgerinnen und Hamburger in einer bewegenden Trauerfeier auf dem Rathausmarkt Abschied von den Flutopfern. Die Stadt ging energisch daran, die Lehren aus diesem Unheil zu ziehen – durch ein umfangreiches Bauprogramm für den Hochwasserschutz, ein leistungsfähiges Warnsystem, aber auch durch eine Organisationsstruktur, die eine wirkungsvolle Katastrophenabwehr ermöglicht. Sie wird in regelmäßigen Stabsrahmenübungen unter Leitung der Innenbehörde trainiert. Die Erfolge zeigten sich, als Hamburg am 3. Januar 1976 von der höchsten Sturmflut seit Beginn der regelmäßigen Aufzeichnungen heimgesucht wurde. Das Hochwasser stieg auf 6,45 Meter über Normal Null. Das waren 70 Zentimeter mehr als 1962. Zwar entstanden im gesamten Hafengebiet schwere Sachschäden, doch auf dem hamburgischen Gebiet hielten die massiv verstärkten Deiche. Die Hansestadt hat ihre Lektion gelernt. Im öffentlichen Bewusstsein ist die Flutkatastrophe von 1962 eine der tiefen Zäsuren der Stadtgeschichte.

Zeitzeuge: Klaus-Peter Behrens
Der Sturmflut-Helfer

Klaus-Peter Behrens war als Sanitäter des Deutschen Roten Kreuzes in Hamburg an der Rettung und Erstversorgung der Flutopfer beteiligt. Behrens wurde am Abend des 16. Februar 1962 alarmiert und war dann fast ununterbrochen drei Tage lang im Katastrophengebiet im Süden der Stadt im Einsatz.

Der Blankeneser Maurergeselle ist später Erzieher geworden und lebt heute in Schnelsen.

Klaus-Peter Behrens erinnert sich:

Ich bin ein echter Blankeneser Jung. Wir wohnten damals an der Süllbergsterrasse .1962 arbeitete ich als Mauergeselle bei der Firma H. P. Friedrich Prien & Co. in Altona, wir bauten in der Straße „Op`n Kamp" in Blankenese. Ich verdiente damals 125,- DM in der Woche, inklusive Leistungszulage für rund 42 Wochenstunden Arbeit. Nebenbei hatte ich mich im Roten Kreuz engagiert, hatte in Blankenese das Jugend-Rotkreuz gegründet.

Als echter Blankeneser Jung vertraute ich im Februar 1962 meinem Vater. Er war in Dockenhuden, heute Blankenese, an der Elbe aufgewachsen und erklärte, es sei zwar Sturm, aber es werde doch wie immer: „Jung, mach dir keine Gedanken, das Wasser steigt bis zu einem bestimmten Punkt und dann ist Schluss. Das war immer so und das wird auch diesmal nicht anders."

Der Blick von meiner Baustelle oberhalb des Treppenviertels beunruhigte mich aber doch: Solche Wellen hatte ich auf der Elbe noch nicht erlebt. Ich ging, wie viele andere, zum Strand, jedenfalls soweit es trockenen Fußes noch ging, und schaute mir das Naturschauspiel an.

Um kurz nach 21 Uhr war es mit der Freitagabend-Ruhe vorbei. Vor meiner Tür standen Helfer des Roten Kreuzes. „Aufbrechen zum Einsatz" hieß es. Die beiden hatten den VW-Bus dabei, unser einziges Einsatzfahrzeug für den gesamten Kreisverband Altona. Damit sammelten sie alle Rotkreuz-Helfer ein. Telefon hatten damals die wenigsten. Bei uns in Blankenese war ein Anschluss Luxus, denn es gab keine freien Leitungen. Da ich aber am Strand war, fuhr der Bus ohne mich weiter. Meine Mutter holte mich von der Möllers Treppe, und ich machte mich selbst per Taxe auf den Weg nach Altona. Die direkte Strecke über die Elbchaussee war längst gesperrt.

In unserem Kreisverband angekommen, hatten wir zunächst nichts zu tun. Offenbar waren wir die stille Reserve. Bis halb eins in der Nacht vertrieben wir uns die Zeit und wollten gerade nach Hause, als es doch noch ernst wurde. Man schickte uns auf die Peute ans andere Ufer der Elbe. Unser Bus war für einen solchen Einsatz schlecht ausgerüstet, hatte nur eine Nottrage, die üblichen Sanitätstaschen und einen kleinen Anhänger mit einem Sonnenschirm und vier Wolldecken. Ein Teil der Helfer fuhr im Taxi hinterher.

Es hieß, die Süder-Elbbrücken seien noch frei befahrbar. Zunächst jedoch landeten wir auf dem Rathausmarkt. Warum, weiß ich nicht. Hamburgs zentraler Platz stand zehn Zentimeter unter Wasser. Die braune Brühe war aus den Gullys gekommen.

In unseren Knobelbechern kamen wir trockenen Fußes wieder in unseren Bus.

Endlich ging es los: Wir schlugen uns im Dunkeln über Feldwege und Wiesen auf die Peute. Der Einsatz lautete „Peute räumen". Der erste Ort waren die Lagerhallen der GEG Konsum. Dort stand das Wasser bereits 30 Zentimeter hoch. Viele Menschen hatten sich in die Treppenhäuser dieser Lagerhallen geflüchtet und mussten nun raus, denn keiner wusste, wie hoch das Wasser noch steigen würde. Schnell stellte sich heraus, dass unsere kleine DRK-Gruppe nicht ausreichen würde, um alle Menschen rechtzeitig zu retten. Funkgeräte hatten wir nicht, um Hilfe anzufordern. Aber das Taxi 377 war da und damit der rettende Funk. Als ich mich in den Taxifunk einschaltete, holte ich mir allerdings eine Abfuhr. Für Privatgespräche habe man keine Zeit, wurde ich abgefertigt. Den Ernst der Lage hatten einige auf der anderen Elbseite offenbar noch immer nicht erkannt.

Plötzlich waren dann doch noch Fahrzeuge da. Wir brachten die Menschen aus der Halle in die Autos.

Wenige hundert Meter weiter stand die Norddeutsche Affinerie. Vor dem Werk wohnten noch einige Menschen in Behelfshütten. Die Baracken standen bereits bis zum Dach unter Wasser. Wir hatten weder Äxte noch anderes Werkzeug, um die Dächer aufzubrechen und nach Überlebenden zu suchen.

Wir zogen weiter zum Peuter Bahnhof. Dort, so hieß es, sollten wir weitere Flut-Flüchtlinge einsammeln. Die Menschen waren zum Teil splitternackt.

Sturmfluthelfer Klaus-Peter Behrens vom Jugend-Rotkreuz. (Privatarchiv)

Wir gaben unsere wenigen Decken, um die größte Not in dieser kalten Februarnacht zu lindern.

Gegen 5 Uhr war unser Einsatz zu Ende, ich fuhr über Altona nach Hause nach Blankenese. Bereits zwei Stunden später wurde ich von meiner Mutter geweckt. Unser Einsatzleiter hatte bei einer Nachbarin angerufen, ich musste wieder los. Aber wie? Ein Auto hatten wir nicht und Busse fuhren nicht. Ich ging Richtung Waseberg. Dort kam mir ein Transporter der Bäckerei Hansen entgegen. Kurz entschlossen hielt ich das Auto an – schließlich war Katastrophenalarm. Der Fahrer von Bäcker Hansen brachte mich zu unserer Einsatzzentrale im Jenischpark. Von dort aus wurden die Hubschrauberflüge ins Katastrophengebiet organisiert.

Wir flogen zuerst nach Francop, später nach Wilhelmsburg. Vom Dach einer Fabrik holten wir eine Großmutter und ihre Enkeltochter, sie waren unterkühlt und hatten viele Stunden nichts zu essen gehabt. Nach der Erstversorgung wurden beide weggebracht. Für uns ging es weiter, jeder machte drei Flüge hintereinander, dann gab es eine Pause. Nach all dem, was wir gesehen hatten, war dies auch dringend nötig. Irgendwann an diesem Sonnabend kam Innensenator Helmut Schmidt in den Jenischpark. Er wollte wissen, wie es uns ging und ob wir ausreichend verpflegt würden. Bis dahin hatten wir noch nichts gegessen. Mein letztes Butterbrot von zuhause hatte ich unserem Piloten gegeben. Schmidt versprach, sich zu kümmern. Später brachte die Bundeswehr Essen für die Soldaten im Einsatz. Davon durften wir Sanitäter allerdings nichts nehmen – das war Bundeswehr-Verpflegung. Hätten wir davon genommen, wäre dies Diebstahl gewesen. Einer der Soldaten steckte mir schließlich einen Teller Suppe zu, den habe ich auf dem Klo gegessen.

Die „Nur Hier"-Bäckerei versorgte uns mit Brot für die Flutopfer. Wir versorgten uns später beim örtlichen Bäcker mit dem Kauf von 50 Brötchen.

Ich war insgesamt fast drei Tage am Stück im Katastropheneinsatz. In den wenigen Stunden, die nachts zum Schlafen blieben, kamen die Bilder des Tages zurück. Und auch heute noch sehe ich die Menschen im Wasser. Die Ereignisse des Februarwochenendes 1962 sind auch heute noch Teil meines Lebens.

Großflughafen „Holstenfeld" – ein spektakulärer Plan und sein Ende

Es war eine spektakuläre Entscheidung, die Bürgermeister Dr. Paul Nevermann (SPD) und der schleswig-holsteinische Ministerpräsident Kai-Uwe von Hassel (CDU) am 12. Januar 1962 auf einer Sitzung des Gemeinsamen Landesplanungsrates trafen: In der Nähe von Kaltenkirchen sollte ein neuer zentraler Flughafen für den Norden gebaut werden. Auch einen Namen hatte das Großprojekt bereits: „Holstenfeld." Rund 3.000 Hektar waren für den neuen Airport vorgesehen (der Flughafen Fuhlsbüttel hat nur 380 Hektar). Geplant waren für „Holstenfeld" zwei parallele Start- und Landebahnen von jeweils 4.000 Metern Länge.

1962 ging man davon aus, dass für die Planungen noch zwei und für den Bau sechs Jahre zu veranschlagen seien. Der Flughafen Fuhlsbüttel hätte nach damaliger Expertenmeinung 1970 die Grenzen seiner Kapazität erreicht. Auch für die Verkehrsanbindung von „Holstenfeld" gab es 1962 bereits konkrete Pläne: Die Bundesstraße 4 sollte bis Kaltenkirchen autobahnähnlich mit vier Spuren neu gebaut werden. In Hamburg sollte die B 4 an die Ost- und Westtangenten der geplanten Stadtautobahn angeschlossen werden. Die Pläne der Bundesbahn sahen eine Zweiglinie der neuen S-Bahn-Strecke Hamburg-Pinneberg vor. Sie sollte auf dem Bahnkörper der AKN von Eidelstedt bis nach Kaltenkirchen führen.

Nichts von alledem wurde verwirklicht. Anfang 1983 wurde das Großprojekt nach langwierigen gerichtlichen Auseinandersetzungen zu den Akten gelegt. Die politische Begründung war, dass die künftige Entwicklung des Luftverkehrs nicht hinreichend verlässlich prognostiziert werden könne. Dieses Argument hatte auch vor Gericht eine große Rolle gespielt. Letztlich kapitulierte jedoch damals die Politik vor den Ökologen und ihrem politischen Arm, den Grünen, in Hamburg der GAL.

Kai Uwe von Hassel (links) und Paul Nevermann (Mitte). (Ullstein-Günther Krüger)

Staatsbesuch aus Paris:
Charles de Gaulle und das „Wunder von Hamburg"

In den kaum 24 Stunden seines Aufenthaltes in Hamburg gelang dem französischen Staatspräsidenten Charles de Gaulle (1890–1970) am 7. September 1962 ein politisch-psychologisches Meisterstück: Hamburg huldigte ihm mit einer Herzlichkeit, wie sie nur wenigen Staatsgästen in der traditionsreichen Elbmetropole zuteil wurde. Es war wohl der Höhepunkt des fünftägigen Staatsbesuches, den de Gaulle der Bundesrepublik abstattete. Hartgesottene Reporter ausländischer Zeitungen sahen das offenbar genau so, denn sie berichteten über das „Wunder von Hamburg".

Was war geschehen? Die Menschen spürten, dass Charles de Gaulle, der einstige Kriegsgegner, als ein aufrichtiger Freund des neuen Deutschlands in die Bundesrepublik und ihre größte Stadt gekommen war. Sicherlich hat dabei auch eine Rolle gespielt, dass es dem Gast aus Paris gelang, in seinen Reden und öffentlichen Auftritten sehr geschickt das durch den Bau der Berliner Mauer und die verschärfte Teilung des Landes belastete nationale Selbstbewusstsein der Deutschen anzusprechen. Sehr vital, sehr kontaktfreudig und dabei hochpolitisch bis in die protokollarischen Kleinigkeiten bewegte der 71-jährige Staatspräsident sich auch in der Hansestadt. Vor dem Rathaus warteten rund 30.000 Menschen auf Charles de Gaulle. Als die Wagenkolonne vorfuhr, riefen viele Zuschauer: „Vive de Gaulle! Vive la France!" Der

Empfang für Staatspräsident Charles de Gaulle im Rathaus. (Ullstein-dpa)

Das Bad in der Menge auf dem Rathausmarkt. (Ullstein-UPI)

Präsident war sichtlich angerührt, durchbrach das Protokoll, nahm ein „Bad in der Menge", schüttelte zahlreiche Hände und ging zu Fuß ins Rathaus. Bürgermeister Dr. Paul Nevermann bekannte in seiner Begrüßungsansprache: „Hamburg hat so etwas noch nicht erlebt. Ich bin selbst gerührt von der herzlichen Begrüßung der Hamburger. Es regnet, aber im Herzen der Hamburger scheint die Sonne!" Erneut schob de Gaulle das starre Protokoll souverän beiseite, ging spontan auf den Balkon und rief der Menge auf dem Rathausmarkt zu: „Es lebe Hamburg, es lebe Deutschland, es lebe die deutsch-französische Freundschaft!" Eine Stippvisite de Gaulles im Jenisch-Haus hatte nicht nur einen kulturellen, sondern auch einen politisch-protokollarischen Hintergrund: Der Staatspräsident betrat das Haus als Zivilist und verließ es in seiner Generalsuniform, um anschließend in der Führungsakademie der Bundeswehr in Blankenese eine bahnbrechende Rede zu halten. Es konnte wohl nur ein Mann mit diesem militärisch-politischen Lebenslauf ein so mutiges Bekenntnis formulieren wie die folgenden Sätze, die erkennbar unterschwelligen Ressentiments den Boden entziehen sollten: „Nach immer neu entfachten Kriegen, besonders seit 200 Jahren, in denen jedes der beiden Völker das andere beherrschen wollte und in denen keines weder an Mut noch an Blut oder Gut gespart hat, ohne letzten Endes die Grenze zwischen ihren Gebieten wesentlich verändert zu haben, ist ihnen jetzt der Widersinn dieses Duells bewusst geworden." Der Präsident überbrachte das Angebot einer engen deutsch-französischen Waffenbrüderschaft, eines Kernbündnisses zwischen Bonn und Paris. Und er zitierte vor den Offizieren in der Führungsakademie einen Satz Carl Zuckmayers: „War es gestern unsere Pflicht, Feinde zu sein, so ist es heute unser Recht, Brüder zu werden."

In derselben Stimmung verlief das Abendessen des Senats zu Ehren de Gaulles. Bürgermeister Dr. Paul Nevermann (SPD) erklärte in seiner Tischrede: „Wir bringen in die neue Europa-Konzeption bewusst die Hoffnung ein, dass kleinere Anfangslösungen nur die solide Vorstufe für einen größeren Zusammenschluss sein werden, der im Interesse der ganzen freien Welt folgen muss." Und schmunzelnd unternahm er einen kleinen Streifzug in die kulinarische Geschichte: „Das älteste nachweisliche Dokument der langen französisch-hamburgischen Beziehungen ist eine ... Rotweinrechnung. Sie datiert aus dem Jahr 1350 und deutet auf die Gewohnheit des damaligen Rates hin, vielleicht zur Beflügelung seines Geistes und zur Schärfung seines Verstandes während der Sitzungen französischen Rotwein zu trinken. Dass das nicht zum Schaden der Beschlüsse gewesen ist, mag das Aufblühen Hamburgs in den vergangenen Jahrhunderten bezeugen."

Journalisten unter Verdacht: die Spiegel-Affäre und ihr innenpolitisches Nachbeben

Sie kamen kurz nach 21 Uhr – fast drei Dutzend Beamte der Sicherungsgruppe Bonn des Bundeskriminalamtes und der Hamburger Kriminalpolizei, die den auswärtigen Kollegen sehr gegen ihren Willen Amtshilfe leisten mussten. Es war Freitag, der 26. Oktober 1962. Im Auftrag der Bundesanwaltschaft besetzten die Kriminalisten die Zentralredaktion des Nachrichtenmagazins „Der Spiegel" im Pressehaus am Speersort und die Redaktionsvertretung in Bonn. Das Pressehaus wurde abgeriegelt, die Paternoster wurden stillgelegt, Besuchern wurde der Zutritt verwehrt. Das Archiv und andere Räume außerhalb der Redaktion wurden versiegelt. Zugleich begannen die Festnahmen, die Chefredakteure Claus Jacobi und Johannes K. Engel voran, nach und nach weitere leitende Redakteure. In den Mittagsstunden des nächsten Tages stellte sich Herausgeber Rudolf Augstein im Polizeipräsidium und wurde unverzüglich in Haft genommen. Hamburgs Kripo-Chef, der Leitende Kriminaldirektor Dr. Erhard Land, erklärte den Journalisten, die wissen wollten, was hier eigentlich vor sich gehe: „Ich kann keinerlei Einzelheiten mitteilen. Die Aktion wird von einer auswärtigen Behörde geleitet, die Herr über das Verfahren ist." Im gleichen Sinne äußerte sich Innensenator Helmut Schmidt (SPD). Aus der Redaktion war zu hören, es werde „wegen Landesverrats im Auftrag der Bundesanwaltschaft gegen uns ermittelt". Gemeint war damit publizistischer Landesverrat.

So begann die Spiegel-Affäre, die zur bis dahin schwersten innenpolitischen Krise der Bundesrepu-

Spiegel-Titelseiten zur Affäre. (Ullstein-pwe-Verlag)

Spiegel-Herausgeber Rudolf Augstein wird abgeführt. (Ullstein-UPI)

blik eskalierte. Die Kripo-Beamten fahndeten unter Leitung des Ersten Staatsanwalts Siegfried Buback (er wurde 1977 als Generalbundesanwalt von Terroristen ermordet) nach Material im Zusammenhang mit der Titelgeschichte in der Nummer 41 vom 10. Oktober 1962 über den Bundeswehr-Generalinspekteur General Friedrich Foertsch. In diesem Beitrag „Bedingt abwehrbereit" ging es um die Nato-Herbstübung „Fallex 62". Verfasser war der stellvertretende Chefredakteur Conrad Ahlers (1922–1980), der auf persönliches Betreiben des Verteidigungsministers Franz Josef Strauß in seinem spanischen Urlaubsquartier in Torremolinos verhaftet worden war. Zwar gestattete die Bundesanwaltschaft einer aus elf Spiegel-Mitarbeitern bestehenden Notmannschaft unter Aufsicht von elf Kriminalbeamten die Fertigstellung der aktuellen Ausgabe, die kurz vor dem Andruck stand. Aber es war klar, dass die Aktion das regierungskritische Nachrichtenmagazin auch wirtschaftlich treffen sollte. Der Zeitpunkt war angesichts der Kuba-Krise raffiniert gewählt. Doch Strauß und diejenigen, die ihm zuarbeiteten, hatten die Auswirkungen völlig falsch eingeschätzt. Der offenkundige Verstoß gegen die von der Verfassung garantierte Pressefreiheit ließ in der gesamten Bundesrepublik, aber auch im Ausland, Proteste aufflammen. Zwar beklagte Bundeskanzler Konrad Adenauer im Bundestag einen „Abgrund an Landesverrat", doch stichhaltige Beweise dafür konnte er nicht präsentieren, und sie blieben auch später aus. Und Strauß wies zwar zwei Wochen hindurch vor dem Bundestag Vorwürfe zurück, er sei die treibende Kraft bei der Aktion gewesen. Doch das Leugnen half ihm nichts. Da immer deutlicher wurde, dass er tatsächlich der eigentliche Urheber war, wurde offenkundig, dass er das Parlament belogen hatte. Er musste seinen Hut nehmen.

Ihr juristisches Ende fand die Spiegel-Affäre, als der 3. Strafsenat des Bundesgerichtshofes im Mai 1965 die Eröffnung des Hauptverfahrens gegen Augstein und Ahlers ablehnte. Auch Innensenator Helmut Schmidt war wegen angeblicher „fahrlässiger Preisgabe von Staatsgeheimnissen" in das Visier der Bundesanwaltschaft geraten. Er hatte den Artikel „Bedingt abwehrbereit" vor dem Erscheinen auf Wunsch von Ahlers gelesen und sich dabei im gutachterlichen Sinne zur sachlichen Richtigkeit und zu eventuellen Verletzungen der Geheimhaltungsvorschriften geäußert. Vor allem unter diesem Gesichtspunkt hatte er zu einer nochmaligen Überprüfung des gesamten Textes geraten. Das Ermittlungsverfahren gegen ihn wurde erst im Dezember 1966 eingestellt.

Das Ende einer Werft –
Willy H. Schliekers zerplatzter Lebenstraum

Am 24. Juli 1962 erschien im Amtsgericht Hamburg ein untersetzter Herr im dunklen Anzug und gab zu Protokoll, er sei Willy Hermann Schlieker. Sodann bekannte er seine Zahlungsunfähigkeit und stellte für sein Unternehmen, die Willy H. Schlieker KG mit Sitz in Hamburg und Düsseldorf, einen Vergleichsantrag. Das war nicht nur der Zusammenbruch eines Industriekonzerns mit zwei Dutzend in- und ausländischen Tochter- und Betriebsgesellschaften. Es war auch das tragische Ende eines Lebenstraumes. Und es war ein tiefer Fall.

Willy H. Schlieker (1914–1980), Sohn eines Hamburger Kesselschmieds, war ein Selfmademan. 1942 war der 28-jährige Stahlkaufmann in Berlin für die Vereinigten Stahlwerke tätig. Rüstungsminister Albert Speer wurde auf ihn aufmerksam und berief ihn zum Chef der Amtsgruppe Eisen und Stahl mit weitreichenden Kompetenzen. Nach dem Zusammenbruch erkannten auch die Sieger Schliekers Fähigkeiten. 1946 beriet er im Auftrag der britischen Militärregierung das Verwaltungsamt Stahl und Eisen in Düsseldorf, das unter strikter alliierter Kontrolle den Wiederaufbau der Ruhrindustrie steuern sollte. Schlieker aber strebte nach einem eigenen Unternehmen. Er kaufte die Firma Otto R. Krause in Düsseldorf, engagierte sich unter anderem erfolgreich im Osthandel und begann eine atemberaubende Karriere als Stahlunternehmer. Auf ihrem Höhepunkt porträtierte ihn das US-Magazin „Time" 1960 als „Wirtschaftswunderknaben Nr. 1". In seinem besten Jahr 1961 erwirtschaftete Schlieker mit seinem Konzern und den rund 7.000 Mitarbeitern einen Umsatz von rund 800 Millionen DM. Er war beliebt bei seinen Leuten, weil er sie spüren ließ, dass er seine Herkunft nicht vergessen hatte.

Kernstück des Konzerns war Schliekers hochmoderne Werft auf Steinwerder, die seinen Namen trug und an der sein Herz hing. Und nun dieses Ende. Wie war es dazu gekommen?

Willy H. Schlieker war ohne Zweifel ein exzellenter Manager – mit einer Ausnahme: Er war, wie er später auch selbstkritisch eingeräumt hat, „kein Finanzgenie" und glaubte gleichwohl, sich auch in dieser Materie auszukennen. Das war ein Fehler, der ihm

Willi H. Schlieker (links), während einer Pressekonferenz 1962. (Ullstein-dpa)

schließlich zum Verhängnis wurde, als er einen eher kurzfristigen Liquiditätsengpass von rund 20 Millionen DM nicht überbrücken konnte. Da die Banken ihm eine Hilfestellung verweigerten, sah sich auch der Senat zu Stützungsmaßnahmen nicht in der Lage. Dabei spielte sicherlich auch eine Rolle, dass Schlieker in der Hamburger Wirtschaft als Außenseiter galt und auch keinerlei Rückhalt in der Gesellschaft hatte. An der Elbchaussee, wo er 1960 ein hoch herrschaftliches Anwesen bezogen hatte, galt er als Parvenu und wurde auch so behandelt. So war der Zusammenbruch nicht mehr abzuwenden. Zurück blieb ein Schuldenberg von rund 170 Millionen DM. Schlieker setzte alles daran, um die Gläubiger so weit wie irgend möglich zufrieden zu stellen. Das gelang mit beachtlichen Quoten. Er zog sich nach Ramsau im Berchtesgadener Land zurück, wo seiner Frau Marga das „Jagdhaus Pfaffental" gehörte, und baute mit ihr ein florierendes Skizentrum auf. Auch als Unternehmensberater war er gefragt. Schlieker erlag am 12. Juli 1980 einem Krebsleiden. Sein Scheitern als Werftunternehmer hat er innerlich nie verwunden.

Die Schlieker-Werft galt als eine der modernsten Europas. (Keystone)

Beatles-Begeisterung – die Pilzköpfe spielen im Star-Club

13. April 1962 – dieses Datum steht für den Beginn einer musikalischen Weltkarriere ohne Beispiel. Im neu eröffneten Star-Club an der Großen Freiheit 39 waren vier pilzköpfige junge Leute aus den armen Vororten von Liverpool die Attraktion des Programms: Paul McCartney, George Harrison, John Lennon und Peter Best (Ringo Starr stieß erst später dazu): Die Beatles rissen das junge Publikum zu Begeisterungsstürmen hin. 1959 waren sie zum erstenmal in der Hamburger Popmusik-Szene erschienen. Im Kaiser-Keller und im Indra-Club an der Reeperbahn waren sie damals für 180 Mark pro Woche aufgetreten. Nur wenige Jahre später war das ihre Gage pro Sekunde – auch dank ihres ausgebufften Managers Brian Epstein. Als die Beatles Ende Juni 1966 zwei restlos ausverkaufte Konzerte in der Ernst-Merck-Halle gaben, kam es anschließend zu schlimmen Krawallen, an denen sie selbst völlig unschuldig waren. Für ihren Siegeszug um die ganze Welt war das nur eine kleine Episode. Ihre Musik entsprach vollkommen dem Lebensgefühl der damaligen jungen Generation. Das war das Geheimnis ihres Erfolges.

Die Namen von Sängern und Bands, die zu Legenden wurden, schmückten den Eingang zum Star-Club. (Keystone)

Zeitzeuge: Friedrich Schliemann
Der Schulsprecher

Der Hamburger Friedrich Schliemann ist in Ohlstedt und Lemsahl aufgewachsen. Ursprünglich hatte die Familie in der Hauptfeuerwache am Berliner Tor gelebt. Vater Schliemann war als Branddirektor bei der Hamburger Feuerwehr und hatte während des Krieges die Löscheinsätze koordiniert.

Friedrich, Jahrgang 1941, ist das zweitjüngste von fünf Geschwistern. Nach dem Schulbesuch, der Bundeswehrzeit bei der Marine und einem Medizinstudium hat er bis 2006 als niedergelassener Gynäkologe am Winterhuder Weg gearbeitet.

Friedrich Schliemann erinnert sich an seine Schulzeit:

Die sechziger Jahre waren geprägt von Veränderungen in Schulen und Hochschulen. Sichtbares Zeichen und Ausgangspunkt für massive Umstrukturierungen waren die Studentenproteste von 1968. Die Veränderungen deuteten sich jedoch schon viel früher an. Die wirtschaftlichen Verhältnisse waren deutlich besser geworden, nach dem Kampf ums reine Überleben im Nachkriegsjahrzehnt wuchs mit dem Zuwachs an Wohlstand auch ein deutlich größeres Selbstbewusstsein der jungen Leute.

Ich bin im Walddörfer Gymnasium zur Schule gegangen. Das Einzugsgebiet dieser Schule war riesengroß, es war die einzige weiterführende Schule für das nordöstliche Hamburger Randgebiet. Hier traf ich Michael von Beust. Der älteste Sohn des damaligen Bezirksamtsleiters Achim-Helge von Beust war aus einem Internat in Plön wieder nach Hamburg zurückgekommen und landete in meiner Klasse. Auch Gunnar Uldall besuchte das Gymnasium, mit ihm trampte ich während der Ferien durch Schweden Richtung Lappland, nach Südfrankreich und Griechenland. Dort machten wir lange Wanderungen.

Wir, die Familie Schliemann, wohnten damals in Lemsahl. Jeden Morgen strampelte ich zwölf Kilometer mit dem Fahrrad zum Unterricht, mittags die selbe Strecke zurück. Besonders im Winter war das kein Vergnügen, aber wir Jungs wollten „harte Männer" sein, während die Mädchen bei Kälte und schlechtem Wetter in Bus und Bahn stiegen. Ich hatte in der 12. Klasse eine Ehrenrunde gedreht, war freiwillig ein Jahr zurückgegangen in der Hoffnung, meine Mathematik-Note zu verbessern. Diese Hoffnung trog allerdings, genützt hat dieses zusätzliche Jahr – zumindest für Mathe – nichts.

Das Walddörfer Gymnasium in Volksdorf hatte, wie die meisten anderen weiterführenden Schulen auch, sehr konservative Lehrer. Eine neue Lehrergeneration war noch nicht gewachsen. Immerhin gab es schon Schulsprecher. In Volksdorf hatten die Schüler mich in dieses Amt gewählt. Einmal im Jahr trafen sich die Schulsprecher aller Hamburger Gymnasien im Rathaus. Hier hatte die Bürgerschaft uns ihren Sitzungssaal zur Verfügung gestellt. Einen Tag lang durften wir Demokratie üben, fühlten uns wie die richtigen Volksvertreter. Im Diskutieren allerdings taten wir uns noch schwer. Kontroverse Meinungen waren an den Schulen nicht gefragt. Wir waren vor allem ungeübt, was Streitkultur oder das Äußern gegenteiliger Ansichten anging.

Ein weiteres Defizit hatten wir außerdem festgestellt: Uns fehlte ein vertrauensvoller Ansprechpartner unter den Lehrern. Ich wusste, dass es in den US-Schulen einen sogenannten Vertrauenslehrer gab, einen Mittler zwischen Schülern und Lehrerschaft, einen, der sich die Sorgen und Nöte der Schüler anhörte. Das wollte ich nun in „meiner" Schule auch einführen. Die Idee stieß zunächst bei den Lehrern auf Skepsis. Ein großer Teil hielt dies für absolut überflüssig. Schließlich waren die Verhältnisse in der Schule klar strukturiert: autoritäre Lehrer auf der einen, angepasste Schüler auf der anderen Seite.

Wir Schüler hatten uns jedoch bereits einen Favo-

riten ausgesucht, der unser Vertrauenslehrer sein sollte. Ich als Schulsprecher musste nun mit ihm reden. Klopfenden Herzens stand ich vor der Tür zum Lehrerzimmer. Ich wollte und sollte unseren Kandidaten überzeugen, sein Amt anzunehmen. Offenbar war ich überzeugend genug, denn seit diesem Tag gab es in Hamburg den ersten Vertrauenslehrer an einer Schule. Dieser hatte zunächst jedoch nichts zu tun. Für uns Schüler war nur wichtig, dass er überhaupt da war.

Wir Walddörfer-Jugendliche waren so etwas wie die Landjugend der Stadt, weit weg von Hamburg. Von den Beatles, vom Star-Club auf dem Kiez hatten wir wohl gehört. Aber unsere Feten feierten wir nicht auf St. Pauli, das wäre viel zu aufwendig gewesen. Wir feierten bei Freunden im Keller.

Die sechziger Jahre waren auch geprägt von sich ändernden Moralvorstellungen. Ich hatte meine spätere Frau in der Schule kennengelernt. Nach der Schulzeit machten wir Urlaub, wir fuhren nach Amrum. Im Gepäck hatten wir zwei Zelte. Wir waren zwar verlobt, aber noch nicht verheiratet, deshalb die getrennten Betten! Auch die Anti-Baby-Pille, die zum ersten Mal 1961 in Deutschland zugelassen wurde, änderte an den althergebrachten Moralvorstellungen zu Beginn der sechziger Jahre zunächst wenig.

Ich habe nach meinem Abitur 1962 mit dem Medizinstudium begonnen. Nach dem ersten Semester wurde ich zur Bundeswehr eingezogen, ging zur Marine. Danach habe ich mein Studium fortgesetzt, zunächst in Norddeutschland, dann ein Semester in Indien. Von Hamburg aus in die Welt – uns standen damals viele Türen offen, und wir hatten das Gefühl, alles schaffen zu können. Indien war ein wichtiger Schritt für mich, unseren neu gewonnenen heimischen Wohlstand richtig einordnen zu können und meinen medizinischen Horizont zu erweitern. Ich lernte dort, über den wohlbehüteten Hamburger Tellerrand hinaus zu blicken.

Abtanz-Ball im Hotel Atlantic, von links: Friedrich Schliemann, Michael von Beust, Klaus-Diether Grossler in unbekannter Damenbegleitung.
(Privatarchiv)

1963

Zeittafel

1.1. Für alle Straßenbahnen gilt künftig ein Rauchverbot.

7.1. Das NDR-Sinfonieorchester unter seinem Chefdirigenten Hans Schmidt-Isserstedt beginnt eine Amerika-Tournee mit einem umjubelten Konzert in der New Yorker Carnegie Hall.

23.1. In Hamburg wird der erste Prozess im Zusammenhang mit dem Schlafmittel „Contergan" nach der Eröffnung vertagt.

23.2. Bei den Howaldtswerken läuft der Tanker „Esso Deutschland" vom Stapel. Prominenteste Taufgäste: Bundespräsident Heinrich Lübke und seine Frau. 80.000 Zuschauer verfolgen den Stapellauf. Die „Esso Deutschland", 261 Meter lang, ist das zu diesem Zeitpunkt größte Schiff der deutschen Handelsmarine.

27.2. Im Freihafen wird der „Kehrwiederturm" gesprengt.

Sprengung des Kehrwiederturms am Kaiserhöft. (Ullstein-Alert)

Die Internationale Gartenbauausstellung IGA 63 am Eröffnungstag. (Ullstein-BeraPhotoArchiv)

6. 3. Ende der mit 80 Frosttagen längsten Kältewelle seit 1880 in Hamburg.

26.4. Bundespräsident Heinrich Lübke eröffnet die Internationale Gartenbauausstellung IGA 63 auf dem Gelände von „Planten un Blomen".

27.4. Aktion „Kampf dem Nepp" auf St. Pauli. Zahlreiche Lokale beteiligen sich an einer freiwilligen Selbstkontrolle.

28.4. Die Liga-Mannschaft des HSV zieht vom Rothenbaum in das Volksparkstadion um.

30.4. Die Fehmarnsund-Brücke wird dem Verkehr übergeben.

6.5. Der Bundesliga-Ausschuss des Deutschen Fußball-Bundes legt auf einer Sitzung im Hotel „Europäischer Hof" die Zusammensetzung der Bundesliga fest. Einziger Klub aus Hamburg ist der HSV. Die Bewerbung des FC St. Pauli wird zurückgewiesen.

15.5. Die südliche Autobahnumgehung zwischen Georgswerder und Barsbüttel wird freigegeben.

3.7. Vor dem Schwurgericht beginnt der erste Prozess gegen Eva Maria Mariotti. Sie soll 1946 ihren tschechischen Landsmann Erich Sterba zur Ermordung ihrer Wohnungsvermieterin angestiftet haben.

31.7. Oscar Fritz Schuh, bislang Generalintendant in Köln, wird Nachfolger von Gustaf Gründgens als Intendant des Deutschen Schauspielhauses.

14.8 Der HSV besiegt in Hannover die Elf von Borussia Dortmund und wird damit Deutscher Fußball-Pokalsieger.

7.10. Gustaf Gründgens stirbt während einer Weltreise in Manila auf den Philippinen.

25.11. Trauerkundgebung auf dem Rathausmarkt und Fackelzug zu Ehren des ermordeten US-Präsidenten John F. Kennedy.

1963 Die Bundespost streicht in den Zustelladressen die Stadtteilnamen und führt statt dessen Ziffern ein.

Oscar Fritz Schuh. (Ullstein-Fritz Eschen)

Gegen „hochgeklappte Bürgersteige" – Hamburgs Innenstadt soll auch abends leben

Eine „lautlose Revolution" beschäftigte 1963 in Hamburg Stadtplaner, Politiker und Kaufleute – die Verödung der Innenstadt nach Büroschluss. Gewiss war die berühmte Silhouette der City, von der Lombardsbrücke aus betrachtet, am Abend längst wieder so schön wie vor dem Krieg. Doch hinter dem Jungfernstieg, dem Neuen Wall und den Großen Bleichen waren die Straßen wie ausgestorben. Von pulsierendem Großstadtleben war keine Spur. Urbanistik-Experten überraschte diese Entwicklung nicht. Der gravierende Rückgang der Wohnbevölkerung in der City war kein auf Hamburg beschränktes Phänomen, aber in der Hansestadt fiel er vielleicht besonders drastisch aus: 1950 lebten in der City noch rund 24.500 Menschen. 1960 waren es nur noch knapp 16.000 Einwohner, und 1963 wohnten in der Innenstadt rund 13.600 Personen. Gleichzeitig breitete sich in der City das Dienstleistungsgewerbe mit Banken, Versicherungen, Konzernverwaltungen, Handelsfirmen, Krankenkassen und Verbänden aus, aber auch mit unmittelbar verbraucherbezogenen Dienstleistungen. Diese Entwicklung hatte eine Kehrseite, die auch in der Hansestadt große Probleme aufwarf. Denn je mehr Menschen nach „draußen" an den Stadtrand oder gar ins Umland zogen, desto drängender wurden die damit verbundenen Verkehrsprobleme auf den Straßen und im Schienennetz des öffentlichen Personennahverkehrs. Die Zahl derjenigen, die jeden Tag zweimal befördert werden mussten, stieg kontinuierlich. Stadtsoziologen hatten längst darauf hingewiesen, dass es darauf ankomme, die Lebensbereiche Wohnen und Arbeiten künftig nach Möglichkeit wieder zusammenzuführen. Die Stadtplaner arbeiteten damals an der Fortschreibung des Aufbauplans von 1959, der auf der Grundlage der „wachsenden Stadt" Antworten auf all diese Fragen gesucht hatte. Die Belebung der abendlichen City blieb jedoch weiterhin ein Strukturproblem ersten Ranges.

Kälte-Winter:
Wochenlanger Frost legt Hamburg auf Eis

In der Nacht zum 6. März 1963 sanken die Temperaturen in Hamburg zum ersten Mal seit 80 Tagen nicht mehr unter den Gefrierpunkt – die längste ununterbrochene Kälteperiode seit über 80 Jahren war vorüber. Der anhaltende Frost hatte auf den Gewässern in ganz Norddeutschland einen 60 bis 80 Zentimeter

Die zugefrorene Außenalster Anfang März 1963. (Ullstein-Conti-Press(L))

messenden Eispanzer entstehen lassen, und flache Gewässer waren bis auf den Grund zugefroren. Im Hinblick auf die Prognosefähigkeit der Meteorologen war dieser Eiswinter 1962/63 ein ziemliches Fiasko, denn im Herbst 1962 hatten namhafte Wissenschaftler prophezeit, der kommende Winter werde „durchaus normal, mit einigen kurzen Kälteperioden, im ganzen aber etwas zu milde" sein. Das exakte Gegenteil trat ein, auch wenn die Dauerkälte nicht mit extrem tiefen Temperaturen verbunden war. Da gab es andere Winter, die viel kälter waren, 1940 zum Beispiel, im ersten Kriegswinter, mit in Hamburg gemessenen minus 29 Grad.

Öffentliche Anteilnahme – Hamburgs Trauer um John F. Kennedy

Auch die Hamburgerinnen und Hamburger bekundeten nach der Ermordung des US-Präsidenten John F. Kennedy ihre Trauer und Erschütterung. Am 25. November 1963, dem Tag seiner Beisetzung auf dem Nationalfriedhof Arlington, fand sich Hamburgs Jugend auf dem Rathausmarkt ein. Die Fernseh-Übertragung der Trauerfeierlichkeiten in Washington war gerade beendet, als sich vor dem Rathaus 50.000 vor allem junge Menschen versammelten, viele von ihnen mit noch nicht entzündeten Fackeln: Studenten, Schüler, Mitglieder von Jugendverbänden. Es war eine Demonstration des Mitgefühls und der Verbundenheit, wie sie bewegender nicht sein konnte. Kennedys Auftritt vor dem Schöneberger Rathaus mit dem Bekenntnis „Ich bin ein Berliner" lag erst wenige Monate zurück. Zugleich war diese Trauerkundgebung ein erneuter Beweis für die Macht der Bilder. Das „Hamburger Abendblatt" zitierte damals einen Amerikaner, der auf dem Rathausmarkt dabei war: „In all dem Schrecklichen ist das etwas Wunderbares." Die Menge verharrte in tiefem Schweigen. Ein Musikkorps der Bundeswehr intonierte einen Trauermarsch. Bürgermeister Dr. Paul Nevermann sprach aus, was jeder dachte: „Die Geschichte hat kein Beispiel dafür, dass Menschen durch den Tod eines Staatsmannes so aufgestört wurden." Dann wurden mehr als 5.000 Fackeln entzündet, und unter dem dumpfen Glockenläuten von St. Petri setzte sich der riesige Fackelzug in Bewegung, langsam und schweigend, um die Binnenalster und über die Lombardsbrücke zum amerikanischen Generalkonsulat am Alsterufer. Die letzten Gruppen verließen gerade den Rathausmarkt, als die ersten das „Weiße Haus" an der Außenalster bereits erreicht hatten. Vor den Pulten mit den Kondolenzlisten bildeten sich lange Schlangen. Generalkonsul Bailey stand auf dem Balkon und verfolgte tief beeindruckt diese Demonstration des Mitgefühls und der Solidarität so vieler junger Menschen.

Wir wissen heute mehr über Kennedys Fehler und Schwächen als diejenigen, die an jenem Abend mit den Fackeln in ihren Händen zum Ausdruck bringen wollten, wie nahe ihnen sein gewaltsamer Tod ging. Was hat die Menschen damals so aufgewühlt? Kennedys Charisma ist häufig beschrieben und analysiert worden. Er verkörperte einfach für viele Millionen Menschen in allen Kontinenten die Hoffnung auf eine bessere Welt, und sie waren angerührt von seinem Aufruf zur politischen Neubesinnung.

Nach den Trauerfeierlichkeiten veröffentlichte das amerikanische Generalkonsulat den Text der Rede, die Kennedy am 22. November 1963 in Dallas halten wollte. Die Kugeln des Attentäters in der Elm Street hatten ihn auf dem Weg zu dieser Veranstaltung getroffen. Viele Teilnehmer der Kundgebung auf dem Rathausmarkt haben diese Rede, die zu Kennedys

Vermächtnis wurde, nachgelesen: „In einer Welt vielschichtiger und anhaltender Probleme, in einer Welt voll der Enttäuschungen und des Verdrusses, muss sich Amerikas Führung vom Licht der Bildung und der Vernunft leiten lassen, sonst werden diejenigen, die schöne Reden mit der Wirklichkeit und das Plausible mit dem Möglichen verwechseln, im Volke mit ihren scheinbar raschen und einfachen Lösungen für alle Weltprobleme das Übergewicht erlangen. Es werden im Lande stets abweichende Stimmen zu hören sein, die in Opposition stehen, ohne Gegenvorschläge zu machen, die gegen alles und für nichts sind, die überall nur Schatten sehen und Einfluss ohne Verantwortung erstreben. Solche Stimmen wird es zwangsläufig immer geben ." Beenden wollte Kennedy seine Rede mit dem Zitat: „Wo der Herr nicht die Stadt behütet, so wachet der Wächter umsonst." Am 26. November, dem Tag nach der Kundgebung auf dem Rathausmarkt, wurde die Neue Lombardsbrücke in Kennedy-Brücke umbenannt.

Contergan-Prozess:
Eltern fordern Schadenersatz von Grünenthal

Nur fünf Minuten dauerte am 23. Januar 1963 die Eröffnung des ersten Zivilprozesses, bei dem es um das Schlafmittel „Contergan" ging. Geklagt hatte der Vater eines 16 Monate alten, missgebildeten Kindes. Er verlangte von der Herstellerfirma Chemie Grünenthal GmbH 30.000 DM Schadensersatz. Das Gericht forderte den Kläger auf, diesen Anspruch durch Beweismaterial zu untermauern. Aufgedeckt hatte den Contergan-Skandal der in der Hansestadt praktizierende Kinderarzt Widukind Lenz. Er wies nach, dass die Einnahme des thalidomidhaltigen Präparats durch schwangere Frauen schwere Missbildungen bei Neugeborenen zur Folge haben kann. Die Herstellerfirma nahm daraufhin das Medikament, das seit 1957 verkauft worden war, 1961 aus dem Markt. Nach langwierigen staatsanwaltschaftlichen Ermittlungen begann 1968 vor dem Landgericht Aachen die strafrechtliche Aufarbeitung dieses beispiellosen Falles. Angeklagt waren sieben leitende Angestellte der Chemie Grünenthal GmbH. Ein persönliches Verschulden konnte ihnen jedoch nicht nachgewiesen werden. Für die Opfer, rund 2.600 missgebildete Kinder und 300 Erwachsene, die durch die Einnahme von „Contergan" Nervenschädigungen erlitten hatten, stellte das Unternehmen rund 114 Millionen DM zur Verfügung.

Tod einer Legende:
Gustaf Gründgens findet in Ohlsdorf seine letzte Ruhe

Längst war er, nach einer beispiellosen Theaterkarriere, zur eigenen Legende geworden. Ende Juli 1963 hatte Gustaf Gründgens (63) auf eigenen Wunsch seine Intendanz am Deutschen Schauspielhaus beendet. Acht Jahre hatte er das Haus geführt und mit dem Ensemble zahlreiche Triumphe erlebt. Nun freute er sich auf neue künstlerische Herausforderungen als Schauspieler und Regisseur, vor allem aber freute er sich auf „das Leben", eine Existenz ohne Amtspflichten. Auftakt dieser Lebensphase sollte eine Weltreise sein. Es wurde eine Reise ohne Wiederkehr.

Gründgens flog, begleitet von seinem künftigen Tournee-Assistenten Jürgen Schleiss, nach London, und beide gingen am 15. September in Southampton an Bord der „Canberra". Mit diesem Australien-Liner fuhren sie nach Colombo, blieben dort wegen der großen Hitze nur drei Tage und flogen zunächst nach Singapur, von dort weiter nach Manila. Das nächste Ziel sollte Hongkong sein. Doch um dort einreisen zu können, mussten beide sich noch gegen Cholera impfen lassen, und diese Impfung musste vier oder fünf Tage alt sein. Also mussten GG und sein Begleiter in Manila eine Woche verbringen. Abgestiegen waren sie im Hotel „Manila", dem größten in der philippinischen Hauptstadt, direkt am Meer gelegen, ein Zentrum des gesellschaftlichen Lebens.

Am Abend des 6. Oktober fühlte Gründgens sich nicht gut. Die Hitze erschöpfte ihn, und er hatte Magenschmerzen. Er nahm Tabletten, um schlafen zu können, und zog sich zurück. Sein Begleiter unternahm einen Spaziergang am Meer. Als er zwischen neun und zehn Uhr abends zurückkehrte, war Gründgens noch wach. Sie plauderten eine Weile, schließlich sagte Gründgens: „Jetzt lass mich in Ruhe, ich habe Schlafmittel genommen… lass mich ausschlafen."

In der Nacht, gegen 1.30 Uhr, hörte Schleiss aus dem Schlafzimmer von GG ein Geräusch wie einen Fall. Er sprang aus dem Bett, klopfte, bekam aber keine Antwort. Gründgens war nicht in seinem Bett, auch nicht im Schlafzimmer. Als Schleiss die Tür zum Badezimmer öffnen wollte, ging das nur zentimeterweise – Gründgens lag auf dem Boden, ohne Besinnung, doch das Herz schlug noch. Schleiss stürzte zum Telefon und rief die Rezeption an. Minuten später war eine Krankenschwester zur Stelle, sogleich auch der Hotelarzt, den Schleiss drängte, Gründgens eine belebende Spritze zu geben. Der Arzt zog die Spritze auf, dann untersuchte er GG noch einmal und sagte dann leise: „Es hat keinen Sinn mehr – er ist tot." Schleiss wollte das nicht wahrhaben und schrie den Arzt an, er müsse die Spritze unbedingt verabreichen. Das geschah auch. Dann rief der Arzt die Rezeption an, die die Polizei verständigte. Ein zweiter Arzt erschien, und auch er stellte fest, dass GG tot war. Wenig später tauchten Photographen auf, die behaupteten, sie kämen im Auftrag der Polizei. In Wahrheit arbeiteten sie für Zeitungen, und so kam es zu jenem skandalösen Pressefoto, das den am Boden liegenden GG zeigte, im leicht verrutschten Pyjama – ein brutal und würdelos wirkendes Bild.

Die Leiche wurde abgeholt, auch wurde ein Kuvert sichergestellt, auf dem GG notiert hatte: „Ich glaube, ich habe zu viele Schlafmittel genommen, ich fühle mich etwas komisch, lass mich ausschlafen…" Es war jene Notiz, die sogleich Spekulationen entstehen ließ, GG habe Selbstmord verübt. Doch die angeordnete Autopsie ergab die wirkliche Todesursache: Gustaf Gründgens war an inneren Blutungen gestorben, und seine Ärzte in Hamburg überraschte das nicht. Sie hatten gewusst, dass er schwer krank war, und konnten ihm doch nicht helfen, denn er litt an einer fortgesetzten Entkalkung des Körpers mit der ständigen Gefahr innerer Blutungen. Nach der Autopsie richtete die deutsche Botschaft in Manila eine Trauerfeier aus, die im Abschiedsraum eines Bestattungsinstituts stattfand. Die Botschaftsangehörigen, Mitglieder der deutschen Kolonie, Journalisten – es mögen 60 bis 70 Personen gewesen sein, die von Gustaf Gründgens Abschied nahmen. Nach kurzen Ansprachen des deutschen Geschäftsträgers und eines Geistlichen erklang von einer Schallplatte der von GG gesprochene Hamletmonolog. Mit dem Trauermarsch aus der Dritten Symphonie von Beethoven klang die schlichte Totenfeier aus. Der bis dahin offene Sarg wurde geschlossen. Gründgens hatte verbrannt werden wollen, und so geschah es. Ein paar Tage später traf die Urne in Hamburg ein. Auf dem Ohlsdorfer Friedhof hat Gustaf Gründgens seine letzte Ruhestätte gefunden.

Weltweit löste die Todesnachricht aus Manila Trauer und Bestürzung aus. Die Menschen spürten, dass ein Jahrhundert-Schauspieler abgerufen worden war.

Der vielleicht schönste der unzähligen Nachrufe stammte von Dr. Adolf Arndt (SPD), dem damaligen Senator für Wissenschaft und Kunst in Berlin. Selbst

Gustaf Gründgens' Beisetzung auf dem Ohlsdorfer Friedhof. (Ullstein-du Vinage)

vom NS-Regime verfolgt, würdigte Arndt ausdrücklich auch die acht Jahre von 1937 bis 1945, in denen Gustaf Gründgens als Generalintendant des Preußischen Staatstheaters in Berlin gewirkt hatte. Nobler konnte ein Nachruf nicht sein:

„Gustaf Gründgens machte Theater zu einer Zeit, da im Welttheater Mörder im geraubten Pomp sich den Thron angemaßt hatten. Musste uns damals, als es für jeden, der nach der Willkür der rechtlosen Machthaber ausgestoßen wurde und es schließlich für ein ganzes von falschen Herrschern verratenes Volk um Sein oder Nichtsein ging, musste uns nicht damals das Theater Hekuba sein?

Wo spielte einer mit, als die Mörder Hof hielten? Spielte er denen zu Gefallen, die sich zu Unrecht auf dem Thron breitmachten, für ihr Vergnügen und zwecks Vergoldung ihres unechten Ruhms? Oder wagte er, unter dem Anschein des Spiels die Wahrheit zu Wort kommen zu lassen, die in der Kunst der Dichtung zur Wirklichkeit wird? Das war in einem hintergründigen Doppelsinn Gründgens' Widerspruch:

Der Grabstein. (Ullstein-Conti-Press (L))

hinter so vielen Masken niemandes Antlitz zu sein, nicht das ihm fremde Gesicht des Bösen zu maskieren, sondern zwischen allen Spiegeln, mit denen er sich umgab, das eigene Gesicht nie zu verlieren.

Dieses seiltänzerische Spiel über dem Abgrund jener Zeit war lebendiges Wagnis, war Wirklichkeit der Leistung und verlieh eine zauberische Macht, um vor dem Zugriff der Mörder, deren Augen geblendet wurden, den gequälten Menschen, die von Verfolgung bedroht waren, das Menschenmögliche an Schutz und Hilfe zuteil werden zu lassen.

Aus diesem Grunde muss es heißen: Gründgens' große Jahre sind nicht in der Finsternis jener Zeiten untergegangen; Gründgens' große Jahre in Berlin waren nicht durch jene Zeit groß, sondern entgegen einer bösen Zeit gut, weil seine Tage nicht nach der Uhr jener Zeiten abliefen, sondern Gegenstunden waren, die im Musischen das Menschliche retteten. Als diese Gegenstunden waren Gründgens' große Jahre auch der Zeit zuwider."

Gegen St.Pauli-Nepp – der Kiez beschließt freiwillige Selbstkontrolle

Auch die abgebrühtesten unter den Kiez-Gastronomen hatten begriffen: So konnte es nicht weitergehen mit dem Nepp auf St. Pauli, und so beteiligten sich am 27. April 1963 im Rahmen der Aktion „Kampf dem Nepp" zahlreiche Betriebe an einer freiwilligen Selbstkontrolle. Schlimme Zustände waren im Amüsierviertel rings um die Reeperbahn eingerissen: Ahnungslose und daher auch arglose Gäste wurden mit zumeist raffinierten, manchmal aber auch plumpen Tricks geprellt, und in der Regel spielten dabei Animierdamen ein üble Rolle. Das Ziel war stets, dem Gast mit einer möglichst hohen Rechnung das Geld aus der Tasche zu ziehen. Besucher, die sich weigerten, den geforderten Betrag zu zahlen, wurden aufgefordert, zur „Klärung ins Büro" zu kommen, und dort wurde der Rechnungsbetrag häufig mit der Androhung, oder wenn das nicht genügte, mit der Anwendung körperlicher Gewalt durchgesetzt. Die Zustände auf St. Pauli besserten sich durch die Aktion „Kampf dem Nepp" spürbar, doch waren Kiez-Besucher weiterhin gut beraten, sich zur Vorsicht an ein paar Grundregeln zu halten, die auch heute dringend zu empfehlen sind: Bestellen Sie in jedem Lokal grundsätzlich nur selbst und stets nur nach der Karte. Ach-

Kampf dem Nepp. (Ullstein-Conti-Press (L))

ten Sie darauf, dass die Karte auf Ihrem Tisch bleibt, und rechnen Sie nach dieser Karte jede Bestellung ab. Trinken Sie nur so viel, wie Sie vertragen können, um jeder Situation gewachsen zu sein, und geben Sie nicht zu erkennen, wie viel Bargeld Sie bei sich haben. Bei Meinungsverschiedenheiten rufen Sie die Polizei.

Mord in Eppendorf: Eva Maria Mariotti steht unter Mordanklage vor Gericht

Aufsehen erregte der Strafprozess, der am 3. Juli 1963 vor dem Hamburger Schwurgericht unter Vorsitz des Landgerichtsdirektors Dr. Kurt Steckel begann, nicht so sehr wegen der Tat, um die es ging, sondern vor allem wegen der Angeklagten: Eva Maria Mariotti, 44 oder 46 Jahre alt (ihre Pässe gaben dazu unterschiedliche Auskunft), in Prag geboren, eine noch immer schöne Frau mit früher großzügigem Lebensstil und schillernder Vergangenheit, der Politiker, Diplomaten und Unternehmer zu Füßen gelegen hatten. Die Anklage warf ihr vor, sie habe am 28. Juni 1946 gemeinsam mit ihrem tschechischen Landsmann Erich Sterba, der ihr Geliebter war, die vermögende Zahnarztwitwe Maria Moser in deren Wohnung im dritten Stock des Hauses Loogestieg Nr. 8 in Eppendorf erdrosselt. Das Motiv sei Habgier gewesen. Eva Maria Mariotti, die bei der Witwe zur Untermiete wohnte, war nach der Bluttat aus Hamburg verschwunden. Über die Schweiz und Frankreich gelangte sie nach Südamerika, lebte dort unter verschiedenen Namen und betrieb im brasilianischen Sao Paulo einen Modesalon. Dort wurde sie im Oktober 1960 von Interpol-Fahndern aufgespürt, festgenommen und nach Hamburg geschafft.

Nun stand sie, eine betont damenhafte Erscheinung, vor dem Schwurgericht und wies die Beschuldigung der Anklage mit Nachdruck zurück. Erich Sterba hingegen war am 1. November 1950 vom Kreisgericht Mährisch-Ostrau wegen der Bluttat vom Loogestieg zu 25 Jahren schweren Kerkers verurteilt worden. Er hatte das Verbrechen zugegeben, nachdem er beim illegalen Grenzübertritt gefasst worden war

Eva Maria Mariotti im Gerichtssaal.
(Ullstein-Sven Simon)

und die Nerven verloren hatte. In den Vernehmungen hatte er die Tat bis in die Einzelheiten geschildert und als Motiv angegeben, er sei seiner Geliebten, die die

Belastungszeuge Erich Sterba. (Ullstein-dpa)

Tat von ihm verlangt habe, hörig gewesen. Nach der Verbüßung von zwölf Jahren war Sterba indessen begnadigt und vorzeitig entlassen worden. Das Schwurgericht konnte ihn jedoch nicht als Zeugen vernehmen, weil er keine Ausreiseerlaubnis erhalten hatte. Jedoch war seine Schilderung des Tathergangs Bestandteil der umfangreichen Ermittlungsakten:

„Aus Hörigkeit gegenüber meiner Hamburger Freundin, die mich als Mordwerkzeug benutzte, habe ich mich schuldig gemacht. Wir fassten den Plan, die wohlhabende Witwe umzubringen. Ich wurde als brasilianischer Konsul bei Frau Moser eingeführt. Wir machten Schwarzmarktgeschäfte zusammen... Am Tattage brachte ich ein Stuhlbein in einem Koffer mit, in dem ich sonst Ware transportierte. Eva Maria und ich tranken mit Frau Moser im Wohnzimmer Kaffee. Dann setzte sich die Witwe ans Harmonium und spielte das Ave Maria. Meine Geliebte sang dazu."

Dann habe die Mariotti, so Sterba in seiner Aussage weiter, ihm einen auffordernden Blick zugeworfen. Er habe daraufhin der ahnungslosen Witwe mit dem Stuhlbein auf den Kopf geschlagen. Das Opfer sei zu Boden gestürzt, dann hätten er und seine Freundin die bewusstlose Frau Moser in die Küche geschleppt. Als die Witwe zu röcheln begann, habe die Mariotti ein Handtuch genommen und die 63-jährige erdrosselt. Anschließend hätten beide rund 400.000 Reichsmark und einen Persianermantel aus dem Besitz des Opfers an sich genommen und seien zunächst nach Esslingen geflüchtet.

Kein Zweifel: Eva Maria Mariotti hatte sich durch ihr Verhalten nach der Tat in einem hohen Maß verdächtig gemacht – ein Kürschnermeister hatte zum Beispiel von ihr einen Persianermantel zum Umarbeiten erhalten, und dieser Mann war als Zeuge geladen. Andererseits: Es gab gravierende Widersprüche zwischen dem von Sterba behaupteten Tatablauf und den Ermittlungsergebnissen am Tatort und an der Leiche. Auf dem Teppich des Wohnzimmers zum Beispiel wurden keinerlei Blutspuren festgestellt, und im Haar der Toten fanden sich auch keinerlei Holz-, sondern Glassplitter.

Eva Maria Mariotti wies Sterbas Behauptungen in den Vernehmungen kühl zurück: „Das ist alles Lüge. Ich weiß überhaupt nichts von einem Mord. Sterba muss die Tat allein ausgeführt haben. Möglicherweise war das Motiv für ihn, dass er damals arm war. Ich war wohlhabend und wollte auswandern. Sterba wollte mich begleiten. Es ist möglich, dass er Frau Moser umbrachte, um das Geld für die gemeinsame Überfahrt aufzubringen. Alles, was er heute über meine Tatbeteiligung erzählt, hat er nur erfunden, um seinen Kopf zu retten. Er muss nun dabei bleiben, weil er ja sonst nicht begnadigt wird."

Was war Wahrheit, was war Lüge? Das Schwurgericht stand vor einer ungewöhnlich schwierigen Aufgabe und forderte die Staatsanwaltschaft angesichts zahlreicher Unklarheiten zu umfangreichen Nachermittlungen auf. Der Prozess platzte. Niemand ahnte, welche sensationelle Wendung die Strafsache Mariotti noch nehmen sollte. (Siehe Seite 69)

1964

Zeittafel

1.1. Ebenso wie in den Straßenbahnen gilt jetzt auch in den U-Bahnzügen ein striktes Rauchverbot.

24.1. Für Hinweise, die zur Festnahme des Bankräubers „Spitznase" führen, setzt die Hamburger Polizei eine Belohnung von 20.000 DM aus.

1.4. Grundsteinlegung für das Finnland-Haus.

6.5. Der 775. Hafengeburtstag endet in einem Verkehrschaos.

21.5. In Göttingen stirbt der 1882 in Hamburg geborene Physiker und Nobelpreisträger James Franck.

Der Neue Wall wird zur ersten Fußgängerzone Hamburgs. (Ullstein-du Vinage)

26.5. 20 Hutaffen entweichen aus dem Tierpark Hagenbeck, in dem sie erst seit wenigen Tagen gehalten werden. Nach drei Stunden kehren die letzten vier Tiere freiwillig zurück.

28.6. Der FC St. Pauli, Meister der Regionalliga Nord, scheitert in der Aufstiegsrunde zur Fußball-Bundesliga. Die Kiez-Kicker erreichen nur den vierten und letzten Platz.

10.9. Der Spielfilm „Polizeirevier Davidswache" von Jürgen Roland kommt in die Kinos.

30.9. Der langjährige und streitbare Direktor der Staatlichen Pressestelle, Erich Lüth, wird mit einer Feierstunde im Rathaus in den Ruhestand verabschiedet. Nachfolger wird der Journalist Paul Otto Vogel.

Erich Lüth, der Direktor der Staatlichen Pressestelle geht in den Ruhestand und übergibt das Amt an seinen Nachfolger Paul Otto Vogel. (Ullstein-Conti-Press (L))

5.10. Der Neue Wall zwischen Bleichenbrücke und Poststraße wird zur ersten Fußgängerstraße in der Hansestadt. Diese Regelung endet im Februar 1966.

26.10. Der Norddeutsche Rundfunk beginnt mit der Ausstrahlung des dritten Fernsehprogramms.

2.11. Auf dem Hauptbahnhof trifft der erste Sonderzug mit Rentnern aus der DDR ein, die nach einem Beschluss des DDR-Ministerrats Familienangehörige in der Bundesrepublik besuchen dürfen. Es kommt zu ergreifenden Szenen.

11.11. Das Deutsche Elektronen-Synchrotron (DESY) für Grundlagenforschung nimmt den Betrieb auf.

1964 Die Konzernzentralen des Versicherungsunternehmens Deutscher Ring an der Ost-West-Straße und des Nahrungsmittelkonzerns Unilever am Dammtorwall setzen in der Neustadt markante Akzente im Stadtbild.

Das Unilever-Hochhaus. (Ullstein-Estorff)

Besuch von drüben: erste DDR-Rentner in Hamburg

Es war so etwas wie ein Silberstreif am gesamtdeutschen Horizont, der seit dem Mauerbau 1961 düster geworden war, als das Presseamt der DDR-Regierung am 9. September 1964 einen Beschluss des Ministerrates bekannt gab, wonach DDR-Bürgern im Rentenalter jährlich eine Besuchsreise von vier Wochen zu Verwandten in der Bundesrepublik oder in Westberlin genehmigt werde. Solche Reisen seien ab 2. November möglich. Die Behörden in der gesamten Bundesrepublik, auch in Hamburg, richteten sich darauf ein, dass viele Tausend DDR-Rentner auf der Grundlage dieser Regelung kommen würden. Doch die Besucherzahlen übertrafen alle Erwartungen: Bis Weihnachten war mit 1,6 Millionen Besuchern aus der DDR im Rentenalter zu rechnen. Die Bundesbahn und die Reichsbahn der DDR vereinbarten 16 zusätzliche Interzonenzugpaare.

Als am 2. November, kurz vor 12 Uhr mittags, der erste Sonderzug mit 600 DDR-Rentnern aus Schwerin im Hamburger Hauptbahnhof einlief, hatten sich Hunderte von Hamburgerinnen und Hamburgern auf den Bahnsteigtreppen und auf dem Laufsteg eingefunden. Der Bahnsteig, an dem der Sonderzug hielt, wurde zu einem Ort gesamtdeutscher Begegnung. Es kam zu ergreifenden Szenen, als sich Menschen weinend in den Armen lagen, die jede Hoffnung aufgegeben hatten, sich jemals wiederzusehen. Eineinhalb Stunden später wiederholten sich diese Begegnungen, als der zweite Sonderzug, diesmal aus Rostock, eingetroffen war.

Helfer und Helferinnen der Roten Kreuzes und der Bahnhofsmission nahmen sich der alten Menschen an, die nicht abgeholt wurden oder in andere Orte weiterreisen wollten. Doch an diesem ersten Tag der Rentner-Reisen ergab sich bereits ein gravierendes Problem: Die Besucher aus der DDR hatten zwar in ihren Heimatorten ihre Rückfahrkarten lösen können, doch der Umtausch von Ostmark in Westmark war ihnen verwehrt. Sie kamen also ohne einen Pfennig Westgeld, konnten weder mit ihren Angehörigen telefonieren noch den öffentlichen Personennahverkehr benutzen. Das war eine Situation, die Sofortmaßnahmen erforderte. Schon am nächsten Tag, dem 3. November, wurden in den Einwohnermeldeämtern die ersten Bargeldhilfen von 50 DM pro Person an rund 2.000 DDR-Rentner ausgezahlt. Das geschah unbürokratisch gegen Vorlage der von den DDR-Behörden ausgestellten Reisebescheinigung. Die Empfänger brauchten nur zu quittieren. Außerdem erhielten die Gäste einen Stadtplan und einen Bildband von Hamburg. Vorgesehen war ursprünglich mehr – Freifahrscheinhefte für die öffentlichen Verkehrsmittel, Fahrkarten für eine Stadt- und eine Hafenrundfahrt und Karten für einen Theaterbesuch. Diese zu-

Ankunft des Interzonenzuges im Hamburger Hauptbahnhof: Die Enkelin begrüßt erstmals ihre Großmutter. (Ullstein-Günther Krüger)

sätzlichen Leistungen wurden vom Senat wieder gestrichen. Der Grund für diesen Rückzieher war, dass der Bund von den 50 DM Besuchsgeld pro Person nur 30 DM übernahm. Den Rest musste die Stadt selbst tragen. Der Bundesanteil hatte zu einem Streit zwischen den Ministerpräsidenten und der Bundesregierung geführt.

Die Rentnerreisen waren nicht nur ein menschliches Ereignis, das die Medien füllte. Sie waren auch ein Politikum ersten Ranges, denn diese Besuche führten zum ersten Mal seit Jahren Hunderttausende deutscher Familien wieder zusammen. Der prominente evangelische Theologe Professor Helmut Thielicke, der regelmäßig in St. Michaelis vor vollem Gotteshaus predigte, mahnte damals in einem leidenschaftlichen Plädoyer, das die „WELT am SONNTAG" veröffentlichte, zur Bescheidenheit und Zurückhaltung gegenüber den Gästen aus der DDR: „Ich sehe im Geist die Demonstration des goldenen Westens, die beweisen soll, wie herrlich weit wir es gebracht haben. Ich sehe die Wohlstandsprotzerei mit den Limousinen der Großen und den flinken Kleinwagen der Kleinen, sehe den Exzess der typisch deutschen Schwächen, vor allem die Neigung, alles vorzeigen zu müssen, was man hat und sich leisten kann." Wie berechtigt diese Sätze waren, zeigte sich damals, als die Rentner kamen, und später, als die Mauer gefallen war.

Forschungspolitischer Meilenstein: DESY geht in Betrieb

Für den Wissenschaftsstandort Hamburg war es ein großer Tag, als am 11. November 1964 in Bahrenfeld das Deutsche Elektronen-Synchrotron DESY eröffnet wurde. Aus Bonn war Bundesforschungsminister Hans Lenz (FDP) erschienen. Rund 110 Millionen DM hatte das Projekt gekostet. Die Grundlage für dieses Vorhaben hatten Bürgermeister Max Brauer (SPD) und der Bundesminister für Atomenergie und Wasserwirtschaft, Siegfried Balke (CSU), am 18. Dezember 1959 mit der Unterzeichnung eines Staatsvertrages über die Gründung der Stiftung „Deutsches Elektronen-Synchrotron DESY" gelegt. Forschungspolitisch war das ein Meilenstein, denn nun sollte auch die Bundesrepublik einen Hochenergiebeschleuniger bekommen. DESY dient der Erforschung der kleinsten Bestandteile der Materie. Die Großforschungsanlage wurde 1974 durch das Doppelspeicherringsystem DORIS und 1978 durch die Positron-Elektron-Tandem-Ringbeschleuniger-Anlage PETRA ergänzt. 1990 kam die Hadron-Elektron-Ring-Anlage HERA hinzu. Zum Gesamtkomplex DESY gehört seit 1980 auch das Hamburger Synchrotronstrahlungs-Laboratorium HASYLAB. 1992 wurde das frühere DDR-Institut für Hochenergiephysik in Zeuthen an das DESY angegliedert. An den DESY-Forschungen sind mehr als 3.000 Gastwissenschaftler aus 33 Ländern beteiligt.

Hafengeburtstags-Begeisterung:
Behördliche Fehleinschätzung sorgt für Chaos an der Elbe

Es hätte nicht viel gefehlt, und aus einem Volksfest wäre eine Katastrophe geworden. Am 7. Mai 1964 feierte Hamburg den 775. Hafengeburtstag. Höhepunkt sollte am Vorabend ein großes Feuerwerk über der Elbe sein. Die Behörden rechneten mit rund 200.000 Besuchern und 15.000 Autos. Das war ein Irrtum, der um ein Haar zu verhängnisvollen Folgen geführt hätte: Tatsächlich hatten sich 800.000 Menschen mit 80.000 Wagen auf den Weg gemacht. Das Ergebnis war ein absolutes Verkehrschaos schon in der Innenstadt und auf den Zufahrtsstraßen. Bereits um 19 Uhr waren sämtliche S-Bahn-Züge in Richtung Elbvororte so überfüllt, dass zahlreiche Fensterscheiben zu Bruch gingen. Auf den Bahnsteigen und in den Treppenaufgängen herrschte ein lebensgefährliches Gedränge, das zu dramatischen Szenen führte: Gebrechliche stürzten auf den Treppen, alte Menschen brachen erschöpft zusammen, Mütter schrieen nach ihren Kindern. Hunderttausende, die zum Elbufer wollten, blieben stecken. Das Chaos steigerte sich noch, als das Feuerwerk gegen 22 Uhr beendet war, denn nun trafen die Heimkehrer auf diejenigen, die das Elbufer nicht erreicht hatten. Der Verkehr brach vollends zusammen. Im S-Bahnhof Klein Flottbek kam es zu einer Panik, die 55 Verletzte forderte. Erst in der Nacht gegen 2 Uhr begann sich die Lage langsam zu normalisieren. Für die S-Bahnen und U-Bahnen und für die Buslinien im Westen Hamburgs wurde die nächtliche Betriebsruhe aufgehoben.

Das war die Bilanz dieses Volksfestes: 139 Personen wurden verletzt, 19 von ihnen mussten in Krankenhäusern versorgt werden. Wie durch ein Wunder hatte sich kein schwerer Unfall ereignet. Zahlreiche S-Bahn-Züge waren demoliert – Fensterscheiben waren zertrümmert, die Türen ließen sich nicht mehr automatisch schließen. In den Elbvororten waren Parks und Gärten von Privathäusern verwüstet.

Der Senat reagierte auf diese skandalösen Vorfälle mit großer Betroffenheit. Bürgermeister Dr. Paul Nevermann (SPD) erklärte: „Hamburg wird sich darüber klar sein müssen, dass zentrale Veranstaltungen dieser Art nicht mehr bewältigt werden können… Leider hat die unvorhersehbar hohe Beteiligung der Bevölkerung zu Erscheinungen geführt, die der Senat bedauert. Sie dürfen sich nicht wiederholen." Die Bedeutung des Hafengeburtstags für Hamburg werde aber durch diese Vorgänge nicht geschmälert: „Der Senat dankt allen Hamburgern, die aus Anlass des Hafenjubiläums ihre Verbundenheit mit ihrer Vaterstadt bekundet haben."

Aus Anlass des 775. Hafengeburtstages gab die Deutsche Bundespost eine Sondermarke heraus. (Ullstein-Schöning)

Prozess gegen Sexualstraftäter: Zuchthausstrafe für Fotografen

Vor dem Landgericht Hamburg begann am 16. September 1964 der bis dahin umfangreichste Sittenprozess in der Hansestadt seit 1945. Der Hauptangeklagte unter den insgesamt vier Beschuldigten war der 36-jährige „Party-Fotograf" Wilfried Krüger. In der umfangreichen Anklageschrift ging es um Notzucht, Nötigung zur Unzucht, Zuhälterei und schwere Kuppelei. 47 Zeugen, darunter 35 junge Mädchen und Frauen, waren als Zeugen geladen. Krüger hatte sich darauf verlegt, sie anzusprechen und mit der Aussicht auf Probeaufnahmen für eine Filmkarriere oder zumindest für Titelblatt-Fotos zu sich zu locken. Bevor er seine Opfer fotografierte, schärfte er ihnen ein, um Erfolg zu haben, müsse man sich „richtig" ausziehen können. Das taten die meisten der jungen Frauen bereitwillig. Denen, die noch Hemmungen hatten, verabreichte er Alkohol, oder er machte sie sich mit Schlägen und Fußtritten gefügig. Dann verging er sich an ihnen, und andere Männer beteiligten sich daran. Der Prozess brachte ans Licht, mit welchem Leichtsinn junge Frauen jede Vorsicht außer Acht ließen, wenn sie glaubten, sie hätten die Chance für eine Filmkarriere. Statt dessen mussten sie zumeist Abscheuliches über sich ergehen lassen. Wilfried Krüger war kein unbeschriebenes Blatt. Er hatte bereits Freiheitsstrafen wegen Betruges und Urkundenfälschung verbüßt. Nun schickte ihn das Landgericht erneut hinter Gitter. Nach dreiwöchiger Verhandlung wurde er zu vier Jahren Zuchthaus, fünf Jahren Berufsverbot als Fotograf und drei Jahren Ehrverlust verurteilt. Die Freiheitsstrafe wurde 1965 im Revisionsverfahren auf drei Jahre Zuchthaus herabgesetzt. Wilfried Krüger kam im November 1966 auf freien Fuß. Von einer Besserung konnte bei diesem Sexualstraftäter keine Rede sein. Er wurde mehrfach rückfällig und stand 1970 und 1977 wegen ähnlicher Delikte erneut vor Gericht.

Der Kiez im Kino: Jürgen Roland dreht St. Pauli-Erfolgsfilm

Mit dem Milieufilm „Polizeirevier Davidswache", der am 10. September 1964 in dem City-Filmtheater „Die Barke" startete, gelang dem Regisseur Jürgen Roland eine Kiez-Studie, die zu einem Erfolgsfilm werden sollte. Das lag auch an der exzellenten Besetzung: Wolfgang Kieling, Hannelore Schroth, Hans Lothar, Ingrid Andree, Horst Michael Neutze, Günther Ungeheuer. Drehbuchautor war Wolfgang Menge. Als Statisten hatte der Regisseur St. Pauli-Typen von der Straße und aus den Kneipen geholt, Freudenmädchen und Transvestiten eingeschlossen. Um zu möglichst milieuechten Dialogen zu kommen, hatten Roland und Menge ihre Filmfabel um das weltberühmte Polizeikommissariat 15 am Spielbudenplatz von „Fachleuten beider Richtungen" gegenlesen lassen: Sowohl die Beamten der Davidwache wie auch „einige Herren von der anderen Seite", wie Jürgen Roland es formulierte, hatten die Story um den Hauptwachtmeister Glantz, dem ein soeben aus dem Knast entlassener Verbrecher aus Rache nach dem Leben trachtet, begutachtet und das Drehbuch durch einige Beispiele für lebensechten Kiez-Jargon angereichert. Der Film

„Polizeirevier Davidswache" – Dreharbeiten in der Herbertstraße. (Conti-Press/Staatsarchiv Hamburg)

wurde mehrfach ausgezeichnet und war für Jürgen Roland, den 1925 in Eppendorf geborenen einstigen Hörfunkreporter beim NWDR, der eigentliche Durchbruch als Filmregisseur. Einen Namen hatte er sich indessen schon vorher als Regisseur der Fernsehserie „Stahlnetz" gemacht.

Unaufgeklärte Überfälle: Polizei sucht Bankräuber „Spitznase"

Am 13. Januar 1964 wurde die Altonaer Volksbank in Groß-Flottbek überfallen. Der Täter entkam unerkannt mit einer Beute von 17.500 DM. Es war der zehnte Fall einer Serie von nicht aufgeklärten Banküberfällen in Hamburg und im Umland, die am 3. Januar 1952 im Postamt 5 in Altona begonnen hatte. In all diesen Fällen konnte der Täter auch später nicht gefasst werden. Die Beschreibungen von Augenzeugen waren nicht sehr ergiebig: 1,70 bis 1,75 Meter groß, schlank, sportlich, Augenfarbe unbestimmt, ausgeprägt spitze Nase, Alter 25 bis 45 Jahre, stets mit Kopfbedeckung auftretend (Pudelmütze, Baskenmütze), äußerst gefährlich, da sofortiger Schusswaffengebrauch. Ein Postbeamter war am 2. Februar 1953 bei dem Überfall auf das Postamt Nienstedten erschossen worden. Für die Polizei wurde „Spitznase" zu einem Albtraum. Für Hinweise, die zur Festnahme dieses Bankräubers führten, wurde eine Belohnung von 20.000 DM ausgesetzt – damals eine enorme Summe.

Die Frage, ob es diesen Serientäter tatsächlich gab, wurde innerhalb der Polizei völlig unterschiedlich beurteilt. Das eine Lager ging davon aus, dass es sich tatsächlich stets um denselben Bankräuber handelte, der mit außergewöhnlicher krimineller Intelligenz, Kaltblütigkeit und Brutalität vorging. Das andere Lager hielt diese These für falsch und ging von mehreren Einzeltätern aus. Selbst der Chef der Hamburger Kriminalpolizei, der Leitende Kriminaldirektor Dr. Erhard Land, war unschlüssig: „Spitznase kann existieren. Ich würde mich aber nicht wundern, wenn es ihn nicht gibt." Seine Beamten überprüften mehr als tausend Hinweise auf Männer mit auffallend spitzer Nase, auf die das vorliegende, vage Täterprofil möglicherweise zutreffen konnte. Alle Ermittlungen blieben erfolglos. Die ausgesetzte Belohnung konnte nicht vergeben werden. 1966 schien der „Fall Spitznase" indessen eine überraschende Wende zu nehmen. (Siehe Seite 88)

Zeitzeuge: Peter Tamm
Der Verlagsmanager

Peter Tamm (Jahrgang 1928) hat 1948 als Schifffahrtsredakteur beim Hamburger Abendblatt angefangen. Später hat er viele Jahre lang den Axel Springer Verlag als Alleinvorstand geführt und Akzente für die Zukunft gesetzt. Der Verlagsmanager erinnert sich an seine Geschichte im Haus Springer in den sechziger Jahren:

Hamburg ist meine Heimatstadt, hier habe ich meine Kindheit verbracht, den Schrecken des Krieges und den Wiederaufbau miterlebt. Die sechziger Jahre waren für mich eine Zeit der intensiven Arbeit. 1961 hatte mich der Verleger Axel Caesar Springer nach Berlin geschickt. Springer hatte den maroden Ullstein-Verlag gekauft. Der sollte saniert und schließlich in das Unternehmen integriert werden. Berlin war in einer schwierigen politischen Situation. Immer mehr Menschen verließen die DDR über die Berliner Sektorengrenze, und keiner wusste, wie sich die Lage in der geteilten Stadt entwickeln würde. Keiner aus der Hamburger Verlagszentrale wollte deshalb nach Berlin. Im Gegenteil: Jeder, der konnte, zog weg aus der Stadt. Ich war damals 32 Jahre alt und sah Berlin als Karrierechance. Außerdem gab es für einen Journalisten nichts spannenderes, dachte ich.

Dies sollte sich schneller bewahrheiten, als mir lieb war. Mit dem Mauerbau am 13. August 1961 war Berlin endgültig zur Frontstadt geworden.

Ich pendelte bis zu fünfmal in der Woche zwischen Spree und Elbe. Die zentralen Stabsabteilungen saßen in der Hansestadt, hier gab es viel zu koordinieren. Axel Springer setzte mit dem Ausbau des Berliner Verlagshauses ein klares politisches Zeichen, er bekannte sich zu der Stadt. Trotzdem war Hamburg immer noch der zentrale Dreh- und Angelpunkt des Hauses. Glanzvolle Feste wie die Verleihung der „Goldenen Kamera" im Februar 1966 zeigten die Bedeutung des Verlages für die Hansestadt. Im Hotel „Vier Jahreszeiten" traf sich damals alles, was im Film- und Fernsehgeschäft Rang und Namen hatte.

Peter Tamm. (Ullstein)

Eine der Goldenen Kameras erhielt zum Beispiel Inge Meysel.

Ich war auch zu dieser Zeit noch Pendler. Meine Familie wohnte zwar in Berlin, ich hatte jedoch drei Wohnsitze: in Berlin, im Hamburger Maienweg und im Flugzeug der PAN AM. Die Amerikanische Fluglinie zeichnete mich irgendwann als weltweit häufigsten Nutzer der Linie aus. Für mich war das Fliegen damals wie Straßenbahnfahren. In Hamburg hieß es, wenn man Tamm treffen wolle, seien die Chancen am Flughafen Fuhlsbüttel am besten.

An einen besonders bedrückenden Flug erinnere ich mich: Ich saß in der Frühmaschine der PAN AM, die mich am 17. Februar 1962 nach Hamburg brachte. Die DC 6 war wegen des Windes relativ langsam unterwegs und flog von Süden her im Tiefflug über die überfluteten Stadtteile Hamburgs. Erschreckende Bilder, die ich nie vergessen habe. Wir im Axel Springer Verlag haben damals schnell gehandelt und geholfen, wie wir es konnten: Wir brachten in den kommenden Tagen aktuelle Zeitungen zu den Versorgungshubschraubern und den Barkassen. Da die von der Außenwelt abgeschnittenen Menschen keinen Strom hatten, gab es auch kein Radio. Einzige Informationsquelle waren unsere Zeitungen.

Der Landweg nach Hamburg war mir verwehrt, da ich auf der DDR-Fahndungsliste stand. Grund dafür war ein Zwischenfall am 18. Juni 1962 an der Berliner Mauer. Fluchthelfer hatten auf dem Gelände des Verlages einen Tunnel gegraben. Rund 50 Menschen kamen durch den unterirdischen Weg in den Westen der Stadt, bis das Unternehmen aufflog. Bei der Schießerei in der Zimmerstraße starb der DDR-Unteroffizier Reinhold Huhn. Die Behörden machten die Geschäftsführung des Grundstückseigentümers, der zu Springer gehörenden Berliner Zeitungsdruckerei, dafür verantwortlich. Sie hätten mich und meine Geschäftsführung an der Sektorengrenze wegen „Beihilfe zum Mord" sofort verhaftet. Also blieb nur der Luftweg.

Die Geschäftsstelle des Hamburger Abendblatts am Gänsemarkt. (Walter Lüden)

1962 wurde ich Verlagsleiter der BILD-Zeitung in Hamburg. Für die kommenden zwei Jahre war die Hansestadt wieder mein Hauptstandort.

Ich erlebte die Jahre des Wirtschaftswachstums an der Elbe. Der Hafen begann nach dem Wiederaufbau endlich zu investieren. Ich hatte als junger Schifffahrts-Redakteur 1948 beim Hamburger Abendblatt angefangen, hatte damals den Hafen in Trümmern gesehen und den mühsamen Aufbau miterlebt.

Sichtbare Zeichen des Erfolges waren die ersten Containerschiffe, die Mitte der sechziger Jahre am Burchardkai festmachten.

Und auch das Zeitungsgeschäft erlebte einen wahren Höhenflug, zunächst mit der Zuspitzung der politischen Ereignisse in Berlin, später mit den Studentenunruhen.

Die 68er-Ereignisse in Hamburg, Frankfurt und Berlin brachten den Springer-Zeitungen Auflagenrekorde.

Im selben Jahr wurde ich vom Verleger zum alleinzeichnungsberechtigten Geschäftsführer der Axel Springer Verlag GmbH berufen. Trotz der Tatsache, dass Berlin für Axel Springer in den kommenden Jahren immer wichtiger werden sollte, bin ich als Hamburger dem hiesigen Standort immer eng verbunden geblieben. Dies liegt nicht zuletzt daran, dass der Verlag in Hamburg unbehelligt von der Politik arbeiten konnte. Ich hatte während meiner gesamten Zeit im Verlag immer ein gutes Verhältnis zu den Regierenden im Rathaus, egal, welcher Partei sie angehörten.

1965

Zeittafel

5.2. In Ahrensburg legt der Verleger Axel Springer den Grundstein für die größte Tiefdruckerei Europas.

16.2. Auf der Deutschen Werft läuft das neue Flaggschaff der HADAG, die „Wappen von Hamburg", vom Stapel.

25.3. Auf dem Flughafen Fuhlsbüttel wird die Startbahn II in Betrieb genommen.

25.3. Ein Wasserrohrbruch am Heidenkampsweg verursacht in der gesamten Innenstadt ein Verkehrschaos.

Die „Wappen von Hamburg" läuft vom Stapel. (Ullstein-Conti-Press(L))

3.5. In Hamburg stirbt der beliebte Volkssänger Bernhard Jakschtat (* 1896).

14.5. In einer Feierstunde im Rathaus werden 30 Hamburger stellvertretend für ihre jeweiligen Berufe für hervorragende Leistungen beim Wiederaufbau der Hansestadt ausgezeichnet.

28.5. Staatsbesuch von Königin Elizabeth II. und Prinz Philip in Hamburg.

1.6. Bürgermeister Dr. Paul Nevermann (SPD) kündigt aus persönlichen Gründen seinen Rücktritt an.

1.6. Am Doormannsweg in Eimsbüttel wird die Begegnungsstätte Hamburg-Haus eröffnet.

9.6. Nach dem formellen Rücktritt Nevermanns wählt der Senat den bisherigen Finanzsenator Dr. Herbert Weichmann (SPD) zum Ersten Bürgermeister.

1.7. Gründung des Großverlags Gruner & Jahr GmbH & Co.

14.7. Vor dem Hamburger Landgericht endet der dritte Mariotti-Prozeß mit einem sensationellen Freispruch.

16.8. Beginn einer Behördenaktion zur Reduzierung des Taubenbestandes in Hamburg. Bis zum 10. 9. werden rund 10.000 der 70.000 Tiere vergiftet.

13.9. Zwei Auftritte der „Rolling Stones" in der Ernst-Merck-Halle führen zu einer Straßenschlacht.

19.9. Bundestagswahl. Die CDU/CSU wird mit 47,6 Prozent der Zweitstimmen wieder stärkste Partei im Deutschen Bundestag. In Hamburg kommt die SPD auf 48,3 Prozent, die CDU auf 37,6 Prozent, die FDP erhält 9,4 Prozent. Hamburg ist nur noch mit 17 statt bislang mit 18 Abgeordneten im Bundestag vertreten.

7.11. Einweihung einer Gedenkstätte im früheren Konzentrationslager Neuengamme.

Bürgermeister Herbert Weichmann bei der Einweihung des Ehrenmals in Neuengamme. (Conti-Press/Staatsarchiv Hamburg)

13.11. Durch eine Fernseh-Übertragung der Komödie „Meister Anecker" aus dem Ohnsorg-Theater wird der Schauspieler Henry Vahl bundesweit bekannt.

29.11. Der Hamburger Verkehrsverbund (HVV) wird gegründet.

1965 Auf der Unterelbe wird die Schifffahrt durch die längste Radarkette der Welt gesichert.

Die Queen und der Skandal – das politische Ende für Bürgermeister Nevermann

Ein eheliches Zerwürfnis, aus dem eine Regierungskrise wird – so etwas hatte das politische Hamburg noch nicht erlebt, und eigentlich hielt das auch niemand für möglich. Doch der Staatsbesuch, zu dem die britische Königin Elizabeth II. und Prinz Philip Ende Mai 1965 in der Hansestadt erwartet wurden, bewies das Gegenteil. Den eigentlichen Beginn dieser Staatsaffäre markiert ein Telefongespräch. Ebenso wie das Rathaus-Protokoll bereiteten sich auch die Redaktionen sorgfältig auf den Queen-Besuch vor, und so rief eine Reporterin Grete Nevermann, die Ehefrau des Ersten Bürgermeisters Dr. Paul Nevermann (SPD), an. Es ging um die Frage, welchen Hut die First Lady bei dem Besuch der Majestäten zu tragen gedachte. Die Reporterin glaubte nicht richtig zu hören, als sie zur Antwort bekam: „Gar keinen. Ich gehe da nicht hin." Diese sieben Worte glichen der Detonation einer politischen Bombe, die eine sorgfältig gewahrte Kulisse zerriss: Nur ein ganz kleiner Kreis von engen Mitarbeitern des Bürgermeisters und von Spitzengenossen der Hamburger SPD hatte bis dahin gewusst, dass die Ehe des Regierungschefs zerrüttet war und

Staatsbesuch in Hamburg: Queen Elizabeth II. und Bürgermeister Paul Nevermann. (Ullstein)

Die Queen und Prinz Philip tragen sich in das Goldene Buch der Stadt ein. (Ullstein-Conti-Press(L))

die Eheleute bereits getrennt lebten. Grete Nevermann lehnte es unter diesen Umständen kategorisch ab, noch als protokollarisches Feigenblatt dienen zu müssen, und ließ sich darin auch nicht durch die öffentliche Diskussion darüber beirren, ob sie diesen Auftritt nicht ganz einfach ihrer bisherigen Stellung als First Lady schuldig sei. Die Meinungen in der Stadt gingen dazu weit auseinander. Alle diskreten Versuche des SPD-Landesvorstandes, in dieser heiklen Situation zwischen den Eheleuten zu vermitteln, blieben erfolglos. Das Rathaus-Protokoll mußte nun nach einem Ausweg suchen und fand ihn: Ilse Engelhard, die Ehefrau des Zweiten Bürgermeisters Edgar Engelhard (FDP), übernahm kurzerhand die Rolle der First Lady und meisterte diese Aufgabe sehr souverän.

Als die britischen Majestäten am 28. Mai 1965, pünktlich eine Minute vor zehn Uhr vormittags, auf dem Dammtorbahnhof aus dem Sonderzug stiegen, herrschte Bilderbuchwetter, und Zehntausende säumten die Straßen, um die hohen Gäste zu begrüßen. Sie erwartete ein glanzvolles Programm: Im offenen Wagen zum Rathaus, vor dem sich ebenfalls eine große Menschenmenge eingefunden hatte, Eintragung in das Goldene Buch, dann eine Alsterfahrt, anschließend der Besuch der Carl-Cohn-Schule in Alsterdorf, danach ein festliches Senatsfrühstück im Rathaus. Nach einer ausgedehnten Hafenrundfahrt, begleitet vom Heulen der Schiffssirenen, klang dieser letzte Tag des britischen Staatsbesuches in der Bundesrepublik mit einem Abendessen aus, das die Queen und Prinzgemahl Philip auf der königlichen Yacht „Britannia" für handverlesene deutsche und britische Ehrengäste gaben, unter ihnen Bundespräsident Heinrich Lübke und Bundeskanzler Professor Ludwig Erhard (CDU) mit ihren Damen. Die Queen war sichtlich angetan von den Ovationen der Hamburgerinnen und Hamburger, und so war es mehr als nur diplomatische Höflichkeit, als sie in ihrer Tischrede sagte: „Ich danke dem deutschen Volk aufrichtig für den überwältigenden Empfang. Diese Reise war mehr als ein persönliches Erlebnis."

Bürgermeister Dr. Paul Nevermann hatte sich ungeachtet seiner privaten Probleme als ein parkettsicherer, würdiger Gastgeber erwiesen. Aber als der Trubel des Staatsbesuches vorüber war, ging er in den SPD-Landesvorstand und besprach mit den Spitzengenossen die Lage – die politische und seine persönliche, denn im Frühjahr 1966 stand eine Bürgerschaftswahl bevor. Der Bürgermeister grübelte eine Nacht hindurch, dann stand seine Entscheidung fest: Rücktritt. Damit zog er jedoch nicht nur die Konsequenz

Der Hamburger SPD-Landesvorstand vor der Wahl des Bürgermeisterkandidaten (Hinten: Herbert Weichmann und Helmut Schmidt). (Ullstein-du Vinage)

aus seiner zerrütteten Ehe. Es war unverkennbar, dass er auch im Senat Einbußen an Führungsstärke und Durchsetzungsfähigkeit erlitten hatte. Der SPD-Landesvorstand setzte eine Findungskommission ein, die Vorschläge für die Nachfolge erarbeiten sollte und nach nicht einmal zwei Stunden zu einem Ergebnis kam. Helmut Schmidt hat das später geschildert: „Wir schlugen Herbert Weichmann vor. Wir wussten, er war nicht populär. Wir wussten, er war kein Tribun. Wie könnte jemals ein Finanzsenator oder ein Finanzminister populär sein wollen… Aber wir fühlten uns sicher."

Am 3. Juni nominierte der SPD-Landesvorstand den 69-jährigen Finanzsenator zum neuen Ersten Bürgermeister, und am 9. Juni wählte der Senat ihn in dieses Amt. Durch die Medien ging damals das Wort vom „Übergangsbürgermeister". Das erwies sich als ein völliger Irrtum. In Wahrheit begann mit diesem Tag die „Ära Weichmann", die in die hamburgische Nachkriegsgeschichte eingegangen ist. Der preußisch geprägte Sohn eines Arztes aus dem oberschlesischen Landsberg, überzeugter Sozialdemokrat und exzellenter Jurist, hatte Deutschland mit seiner Frau wegen seiner jüdischen Abstammung verlassen müssen und zunächst als Wirtschaftsjournalist in Frankreich Zuflucht gefunden. Nach dem deutschen Einmarsch hatten beide sich mit Mühe und Not in die Vereinigten Staaten gerettet und dort unter erheblichen Schwierigkeiten eine neue Existenzgrundlage gefunden. Max Brauer hatte Herbert Weichmann 1948 überzeugt, Deutschlands Wiederaufbau bedürfe seiner Mitarbeit, und so war er zurückgekehrt, hatte 1948 die Leitung des Landesrechnungshofes übernommen und war 1957, nach der Rückkehr der SPD an die Macht, Finanzsenator geworden. In beiden Ämtern hatte er Maßstäbe gesetzt. Als Bürgermeister aber wurde er zu einer politischen Persönlichkeit, die in Hamburg ihresgleichen suchte.

Neue Medien-Macht: Der Verlag Gruner & Jahr entsteht

Mit der Übereinkunft der drei Verleger Gerd Bucerius (1906–1995), John Jahr (1900–1991) und Richard Gruner (geb. 1925), ihre Firmen zu fusionieren, entstand am 1. Juli 1965 der damals nach dem Verlagshaus Axel Springer zweitgrößte deutsche Pressekonzern. Das Stammkapital der neuen Gruner & Jahr GmbH & Co. betrug 30 Millionen DM. Die Gesellschafteranteile der drei Partner waren unterschiedlich und veränderten sich auch später: Gruner hielt zunächst 39,5 Prozent der Anteile, Jahr 32,25 und Bucerius 28,25 Prozent. Der Jahresumsatz der im Haus G+J erscheinenden Objekte und der zum Konzern gehörenden Druckerei lag damals bei rund 400 Millionen DM, die Gesamtauflage bei knapp fünf Millionen Exemplaren. Dazu gehörten die Illustrierten „Stern" und „Constanze", die Frauenzeitschrift „Brigitte", das Magazin „Schöner Wohnen" sowie die Wochenzeitung „Die Zeit" (bis 1969). Flaggschiff des Konzerns war von Anfang an die Illustrierte „Stern" unter ihrem Gründer und langjährigen Chefredakteur Henri Nannen (1913–1996), der sich nachdrücklich im Sinne einer sozialliberalen Politikwende in der Bundesrepublik engagierte und damit dem Hause G+J auch zu einem beachtlichen bundespolitischen Einfluss verhalf. 1972 wurde das Unternehmen in eine Aktiengesellschaft umgewandelt, 1973 erwarb die Bertelsmann AG eine Mehrheitsbeteiligung. Gruner & Jahr mit Sitz in Hamburg gehört jetzt zu 74,9 Prozent der Bertelsmann AG und zu 25,1 Prozent der Verlegerfamilie Jahr. Der G+J-Konzernumsatz betrug 2004 rund 2,44 Milliarden Euro.

Vorreiter im Öffentlichen Nahverkehr: Vier Unternehmen gründen Verbund

Die Gründung des Hamburger Verkehrsverbundes (HVV) am 29. November 1965 war ein Markstein im öffentlichen Personennahverkehr der Bundesrepublik. Mit den vier Verträgen, die an diesem Tag unterzeichnet wurden, war die Grundlage für einen Gemeinschaftstarif der großen Verkehrsträger in Ham-

Die Hamburger Hochbahn wurde Teil des neuen Verkehrsverbundes. (HHA)

burg geschaffen. Das betraf die S-Bahn, die HHA mit ihrem gesamten U-Bahn- und Busnetz, die Fährschiffsreederei HADAG und die Buslinien der Verkehrsbetriebe Hamburg-Holstein. Der Einheitsfahrschein brachte für die Fahrgäste enorme Erleichterungen mit sich. In den folgenden vier Jahrzehnten hat sich der HVV beträchtlich erweitert. Schon am 1. Dezember 1966 kamen mit der Eisenbahngesellschaft Altona-Kaltenkirchen-Neumünster (AKN), der Alsternordbahn (ANB) und der Elmshorn-Barmstedt-Oldesloer Eisenbahn AG (EBO) weitere Partner hinzu. Mittlerweile gehören dem Verbund 36 Verkehrsunternehmen in der gesamten Metropolregion an. Der HVV wurde zu einem Erfolgsmodell.

Mehr Sicherheit auf der Elbe: Neue Radar-Kette geht in Betrieb

Die mit insgesamt 140 Kilometern längste und modernste Radarkette der Welt konnte im Jahr 1965 für den Hamburger Hafen und die Unterelbe fertiggestellt werden. Das letzte Glied dieses Systems war die Sicherungsradarstation Steindeich bei Glückstadt. Es besteht aus insgesamt sechs Stationen sowie aus der Hafenradarkette Hamburg. Zwei der sechs Radarstationen an der Unterelbe, die sämtlich der Wasserstraßenverwaltung des Bundes unterstehen, und zwar die in Cuxhaven und Brunsbüttelkoog, sind als Zentralstationen mit erfahrenen Nautikern besetzt. Die übrigen vier sind unbemannte Sicherungsradarstationen. Damit wurde nun eine durchgehende Sicherheitsüberwachung des Schiffsverkehrs von der Deutschen Bucht bis in den Hamburger Hafen möglich. Die Radarbilder der einzelnen Stationen, die sich in ihren Erfassungsbereichen überschneiden, werden über Richtfunk an die Zentralen übermittelt. Jedes Schiff kann im UKW-Sprech-Seefunkdienst Beratung und Informationen anfordern. Das Projekt Radarkette Unterelbe wurde von 1960 bis 1965 verwirklicht.

Wahrheit oder Lüge? Eva Maria Mariotti steht zum zweiten Mal vor Gericht

Es war ein Sensationsprozess vom ersten Tage an, und so endete er auch. Am 31. Mai 1965 stand die aus Prag stammende Angeklagte Eva Maria Mariotti (47) erneut vor dem Hamburger Schwurgericht. Gemeinsam mit ihrem Landsmann und damaligen Geliebten Erich Sterba habe sie, so die Staatsanwaltschaft auch in dieser dritten Hauptverhandlung um den Mord an der wohlhabenden Zahnarztwitwe Maria Moser, am 28. Juni 1946 die Tat begangen. Schon 1963 hatte Eva Maria Mariotti sich vor dem Schwurgericht verantworten müssen. Damals war die Hauptverhandlung jedoch abgebrochen worden, weil die Staatsanwaltschaft nach Ansicht des Gerichts unzureichend ermittelt hatte. Das Urteil im zweiten Prozess 1964, lebenslanges Zuchthaus, hob der Fünfte Strafsenat des Bundesgerichtshofes im Dezember 1964 auf. Nun beteuerte die blasse und zitternde Frau, die einst von Politikern, Diplomaten und Unternehmern umschwärmt war und ein schillerndes Leben geführt hatte, vor den drei Berufsrichtern und sechs Geschworenen abermals ihre Unschuld: „Ich habe nichts mit dieser Tat zu tun!" Weiter ließ sie sich jedoch zur Anklage nicht ein. Die Staatsanwaltschaft, vertreten durch Oberstaatsanwalt Hellge und Staatsanwalt Zöllner, war indessen wieder hartnäckig um den Nachweis bemüht, dass die Angeklagte die treibende Kraft für das blutige Geschehen in der Wohnung am Loogestieg in Eppendorf gewesen sei und die zuvor von Sterba niedergeschlagene Witwe auch selbst erdrosselt habe. 17 Indizien waren es, auf die sich die Staatsanwaltschaft dabei berief. Am 8. Juli sollten die Anklagevertreter mit einem umfangreichen Plädoyer den Strafantrag stellen, der nach der Auffassung der meisten Prozessbeobachter nur erneut auf lebenslanges Zuchthaus lauten konnte. Doch es kam ganz anders. Aufsehen erregte schon der Umstand, dass der hamburgische Generalstaatsanwalt Ernst Buchholz auf der Pressebank Platz nahm. Noch bevor der Oberstaatsanwalt Hellge seinen Strafantrag gestellt hatte, bat der oberste Ankläger, eine Erklärung abgeben zu dürfen. Das war durch das Gerichtsverfassungsgesetz gedeckt. Buchholz sagte: „Ich halte mich für verpflichtet, zu einer Rechtsfrage Stellung zu nehmen, die wichtig für die gesamte Justiz erscheint. Die Auffassung des Oberstaatsanwalts Hellge unterscheidet sich grundlegend von meiner Auffassung und der Auffassung meiner Behörde. Seitdem es die Strafprozessordnung bei uns gibt, hat der Angeklagte die Befugnis zu schweigen. Ich bin der Auffassung, dass, wenn der Angeklagte von diesem Recht Gebrauch macht, daraus nichts hergeleitet werden kann." Auch sei dieses Schweigen der Angeklagten psychologisch verständlich: „Wenn sie sagt, dass sie sich an Einzelheiten nach 19 Jahren nicht mehr erinnern kann und zwischen Erlebtem und Rekonstruiertem nach den vielen Vernehmungen nicht mehr zu unterscheiden weiß, so erscheint das einleuchtend, wenn sie die Tat nicht begangen hat."

Das Fazit zog der Generalstaatsanwalt mit Sätzen, die in der hamburgischen Justizgeschichte einmalig und deshalb sensationell waren: „Meine Herren Richter und Geschworenen! Wenn Sie zu der Überzeugung kommen, dass die Angeklagte überführt ist, wie es Oberstaatsanwalt Hellge und Staatsanwalt Zöllner glauben, so verurteilen Sie die Angeklagte. Haben Sie aber Zweifel, dann sprechen Sie sie frei. Es geht hier nicht um das Prestige der Justiz! Vergessen Sie völlig, dass die Angeklagte schon einmal verurteilt worden ist." Eva Maria Mariotti wurde bei diesen Worten von einem Weinkrampf geschüttelt. Die Verhandlung wurde für eine Stunde unterbrochen. Vor allem die Juristen unter den Zuhörern diskutierten darüber, ob der Oberstaatsanwalt nach dieser faktischen Zurechtweisung durch den obersten Ankläger bei seiner Argumentationskette bleiben würde. Hellge beantragte, äußerlich unbeeindruckt vom Auftritt des Generalstaatsanwalts, lebenslanges Zuchthaus wegen Mordes in Tateinheit mit schwerem Raub.

Dann hatte der Verteidiger das Wort. Der Hamburger Rechtsanwalt Dr. Bernhard Servatius setzte sich in einem sechsstündigen, brillanten Plädoyer mit den Thesen der Staatsanwaltschaft auseinander und zerpflückte sie. Den Hauptbelastungszeugen Sterba nannte er eine „tragische Figur". Die ersten belastenden Aussagen gegen Eva Maria Mariotti habe Sterba in seiner Heimat gemacht, um seinen Kopf zu retten, denn in der Tschechoslowakei wurde Raubmord damals mit der Todesstrafe geahndet. Er war zu 25 Jahren Zuchthaus verurteilt worden, von denen er zwölf Jahre verbüßt hatte. Dazu Servatius: „Er musste bei seinen Aussagen bleiben, um seine vorzeitige Haftentlassung nicht zu gefährden. Jetzt ist es ihm nach langer Zuchthauszeit gelungen, in die Gesellschaft zurückzukehren, und er muss vor seiner Frau sein Gesicht wahren." Penibel listete der Verteidiger überdies auf, was gegen die Glaubwürdigkeit Sterbas sprach, und das war nicht wenig. Die Angeklagte, so Servatius weiter, könne im übrigen nicht nach bürgerlichen Maßstäben beurteilt werden: „Wem es gleichgültig ist, welchen Namen er trägt, wer sich falsche Pässe kauft und pro forma Ehen schließt, der muss noch lange kein Mörder sein. Die Beweise reichen in diesem Fall, in dem alles dunkel geblieben ist, keineswegs für eine Verurteilung aus. Ich beantrage Freispruch und sofortige Haftentlassung!"

Am 14. Juli 1965 verkündete Landgerichtsdirektor Heinrich Backen das Urteil, eine erneute Sensation: Freispruch. Die Kosten des Verfahrens und des Revisionsverfahrens wurden der Staatskasse auferlegt.

Eva Maria Mariotti brach in der Anklagebank zusammen. Sie musste von Justizbeamten und ihrem Verteidiger gestützt werden, als sie den Saal verließ. Sie wurde unverzüglich aus der vierjährigen Untersuchungshaft entlassen und erhielt 200.000 DM Entschädigung. Eva Maria Mariotti zog nach Gran Canaria und lebte dort von den Einnahmen eines keinen Kunstgewerbeladens. Sie starb einsam und verarmt.

Die „Stones" in der Stadt – Begeisterung und Randale

Was sich am 13. September 1965 in der Hamburger Innenstadt abspielte, als die britische Rockband „Rolling Stones" zwei Konzerte in der Ernst-Merck-Halle gab, glich einem Tornado – musikalisch ohnehin, aber leider auch im Stadtbild. 2.000 aufgeputschte, rebellische Jugendliche lieferten rund 700 Polizeibeamten eine sechsstündige Straßenschlacht. Die Bilanz: 31 Verletzte, 47 Festnahmen, zahlreiche demolierte Stra-

Mick Jagger und Co. in der Ernst-Merck-Halle. (Kultur Buch Bremen/Friedhelm von Estorff)

Drinnen rockten die „Stones" und draußen bahnte sich Randale an. (Ullstein-Gebhardt)

ßenlampen und Autos, umgeknickte Bäume, und ein zeitweilig lahmgelegter Verkehr in der City.

Bis Mitternacht dauerte die Randale. Das erste der beiden Konzerte, das um 17.30 Uhr begann, verlief noch ruhig. Die Ausschreitungen begannen vor dem zweiten Konzert, als die Jugendlichen mit Parolen wie „Jetzt gibt es Putz" und „Wir stürmen die Ernst-Merck-Halle" versuchten, die polizeilichen Absperrungen zu durchbrechen. Die Polizei musste Wasserwerfer und berittene Beamte einsetzen, um das zu verhindern. Während die Jugendlichen massiv randalierten, rissen in der Halle die fünf Rockmusiker um Mick Jagger und Charlie Watts die rund 7.000 Zuhörer zu Begeisterungsstürmen mit Tränenausbrüchen und Ohnmachtsanfällen hin. Bei dem aktuellen Stones-Hit „Satisfaction" erreichte das alles den absoluten Höhepunkt. Die „Rolling Stones" lieferten auf der Bühne eine perfekte Show, die Jugendlichen auf den Straßen hingegen ganz üble Krawalle.

Zeitzeuge: Hans Werner Funke
Der Konzertveranstalter

Der Hamburger Konzertveranstalter Hans Werner Funke hat Musiker-Größen wie Louis Armstrong, Sammy Davis jr. oder Liza Minelli in die Hansestadt geholt. 1965 hat er das erste Konzert der Rolling Stones in der Hansestadt veranstaltet.

Hans Werner Funke erinnert sich:

Die Stones waren in der Stadt – und Hamburg stand Kopf! Am 13. September 1965 sollte die Gruppe in der Ernst-Merck-Halle auftreten. Ich als junger Konzertveranstalter stand vor meiner bis dahin schwierigsten Aufgabe.

Mein Kollege Karl Buchmann, der eng mit der BRAVO zusammenarbeitete und damit am musikalischen Puls der Zeit war, hatte ein Tourneeprogramm für die Rocker zusammengestellt und mich gefragt, ob ich das Hamburger Konzert veranstalten wolle.

Was für eine Frage! Natürlich wollte ich. Die Rolling Stones waren ganz sicher für mich eine der größten Herausforderungen meiner noch jungen Karriere als Konzertveranstalter. 1959 hatte ich mich selbständig gemacht und zunächst vor allem mit Jazzgrößen gearbeitet. Louis Armstrong hatte ich nach Hamburg geholt, Dave Brubeck oder auch Thelonious Monk. Nun sollten also diese „verrückten Engländer" kommen.

Zunächst musste ich mich um ein Hotel für die Musiker und ihre Begleitung bemühen. Ich suchte eine passende Unterkunft für etwa 40 Leute und blitzte überall ab. Weder das „Atlantic" noch das Hotel „Vier Jahreszeiten" wollten die Stones aufnehmen, auch im Hotel Tremsbüttel bekam ich eine Absage. Die Hotels hatten Angst um ihre Einrichtung, der Ruf, der der englischen Band voraus ging, war zu schlecht.

Schließlich wurde ich doch fündig. Im Hotel „Lilienhof" gegenüber dem Biberhaus, direkt am Hauptbahnhof, hatte man ein offenes Ohr für mein Problem und noch dazu genug Zimmer. Ich mietete das gesamte Haus, hatte allerdings die Rechnung ohne meine prominenten Gäste gemacht. Die hatten schon eingecheckt, wollten jedoch, nachdem sie die Zimmer gesehen hatten, sofort wieder ausziehen. Vor allem Mick Jagger und Brian Jones waren verärgert: Dies sei nicht ihr Stil, sie seien andere Qualität gewohnt! Mit Engelszungen versuchte ich, die Stones zum Bleiben zu bewegen, was mir schließlich gelang.

Zwischen dem nachmittäglichen und dem abendlichen Auftritt behielt ich die Stones in der Halle, so dass zum Nachdenken über die schlichten Hotelzimmer keine Zeit war. Nach den Konzerten ging es ab ins Hotel, die Herren fielen müde in die Betten. Am Morgen danach brachte ich sie zum Flughafen. Das Hotel hatte die Stones-Nacht unbeschadet überstanden.

Ebenso unbeschadet überstand die Ernst-Merck-Halle die beiden Konzerte. Bereits im Vorfeld hatte ich mir über die Sicherheitsvorkehrungen Gedanken gemacht. 7.000 Tickets hatten wir zum Stückpreis von 16 DM verkauft. Zwar fasste die Halle doppelt so viele Besucher, mehr waren aber aus Sicherheitsgründen nicht erlaubt.

Da es bei früheren Stones-Konzerten den einen oder anderen Zwischenfall gegeben hatte, wollte die Polizei bereits im Umfeld der Halle Ausschreitungen und Gewalt verhindern. Schon am Dammtor begannen die ersten Kontrollen. Aus der S-Bahn durfte nur der aussteigen, der ein Ticket hatte. Hier wurde dann nach mitgebrachten Flaschen und Schlagwerkzeugen gesucht. Über einen mit Gittern abgesperrten Korridor geleitete man die jungen Leute in die Ernst-Merck-Halle. Auf dem Weg dorthin mussten sie noch zwei Kontrollstellen passieren. In der Halle hatte ich 200 Ordner postiert, doppelt so viele wie bei anderen Konzerten. Auf Polizei verzichtete ich ganz, denn die Stones wollten keine Uniformen sehen.

Unsere gute Vorbereitung sollte sich auszahlen: Das Konzert lief ohne jeden Zwischenfall ab, die damals noch bestuhlte Halle nahm keinerlei Schaden. In den Straßen rund um den Veranstaltungsort sah das allerdings anders aus.

Noch dreimal holte ich die Rolling Stones in die Hansestadt: 1967, 1970 und 1973.

Es waren nie leichte Veranstaltungen, sondern immer neue Herausforderungen.

Beim zweiten Stones-Konzert am 1. April 1967 saß ein Mann mit einer Pistole in der ersten Reihe. Offensichtlich hatten hier die Einlass-Kontrollen versagt, jedenfalls weigerten sich Mick Jagger und Co. aufzutreten. Ich bat den Mann hinaus und erklärte ihm, ich müsse ihm seine Waffe abnehmen, ich sei der Konzertveranstalter und damit für die Sicherheit im Innenraum verantwortlich. „Da kann ja jeder kommen", erklärte mir der Mann. Er würde die Waffe nur gegen meinen Personalausweis abgeben. Am Ende des Konzerts könne man ja dann wieder tauschen. Ich gab ihm meinen Ausweis, er mir die Pistole, und nach dem Konzert haben wir wieder getauscht. Die Waffe war übrigens nicht geladen.

Beim Konzert 1970 kamen wir einem Betrüger auf die Spur. Mehrere hundert gefälschte Eintrittskarten waren plötzlich in der Stadt aufgetaucht, verkauft zum Preis von 5 statt der offiziellen 22 DM. Diese Karten sahen täuschend echt aus, hatten jedoch alle

Die Konzertbesucher wurden einzeln und scharf kontrolliert und manchmal auch mit Gewalt zurückgewiesen. (Ullstein-Brumshagen)

Keith Richards unter Polizeischutz auf dem Weg zur Bühne. (Ullstein-C. T. Fotostudio)

die gleiche Seriennummer. Kurzerhand ließ ich neue, fälschungssichere Karten drucken und rief alle Kartenbesitzer auf, ihre alten gegen die neuen Tickets zu tauschen. Meine neu eröffnete Theaterkasse im Pressehaus am Speersort war dazu bestens geeignet.

Auf diese Weise konnten wir etwa 350 falsche Karten aus dem Verkehr ziehen. Und einen Tag vor dem Konzert flog auch noch der Fälscher auf: ein Student mit eigener Druckerei am Grindelhof.

Henry Vahl –
der Ohnsorg-Star wird „Fernseh-Opa der Nation"

Als das ARD-Fernsehen am 13. November 1965 die Aufzeichnung der Komödie „Meister Anecker" von August Lähn aus dem Hamburger Ohnsorg-Theater sendete, wurde Henry Vahl (1897–1977), der unvergessene Volksschauspieler, bundesweit bekannt und beliebt. Der 68-jährige spielte in diesem Stück den Knecht Matten, der seinem eifersüchtigen Chef mit ständigen Streichen zu schaffen macht. Es war eine Rolle, an der Henry Vahl besonders hing, weil sie ihm erlaubte, das Verschmitzt-Kauzige, gepaart mit Schlagfertigkeit, das ihn bundesweit populär werden ließ, voll auszuspielen. Es wurde eine seiner Glanz- und Paraderollen.

Henry Vahls Ruhm als Schauspieler war eine späte Angelegenheit. Begonnen hatte die Bühnenlaufbahn für den Sohn eines Fischers aus Stralsund, als er 1915 als Statist im Kieler Stadttheater für zwei erkrankte Operettenkomiker einspringen durfte. Er gab seinen Lehrberuf als Werfthandwerker auf und spielte Theater – erst in Kiel, später in Lübeck, Dresden und Berlin, auch an der Seite berühmter Darsteller wie Paul Wegener und Albert Bassermann. Er selbst kam jedoch über Nebenrollen nicht hinaus. Das änderte sich erst 1958, als er im Ohnsorg-Theater für einen verhinderten Kollegen einen komischen Alten spielen musste. Er war damit so erfolgreich, dass er in diesem Theater über hundert Rollen spielte, die ihm zumeist wie auf den Leib geschrieben waren. Viele dieser Aufführungen, in denen er häufig an der Seite von Heidi Kabel auf der Bühne stand, begeisterten auch das Publikum an den Bildschirmen. Henry Vahl wurde so

Henry Vahl als „Meister Anecker". (Ullstein-Kindermann)

zum „Fernseh-Opa der Nation". Er erlag am 21. Juli 1977 in einer Hamburger Klinik einem Kreislaufversagen.

1966

Zeittafel

3.1. Der Hamburger Polizist Hugo Alffcke wird in Delmenhorst bei einem Banküberfall verhaftet.

1.2. Auf der Moorweide wird nach Londoner Vorbild eine „Meckerecke" für Laienredner eingerichtet.

8.2. Im Hamburger Hauptbahnhof explodiert der Sprengsatz eines Erpressers, der sich „Roy Clark" nennt.

9.3. Bürgerschaftsdebatte über den „Fall Haase", der zu einem Justizskandal führt.

Meckerecke auf der Moorweide. (Ullstein-Conti-Press(L))

27.3. SPD-Triumph bei der Bürgerschaftswahl: 59 Prozent, 74 der 120 Sitze.

3.5. In Hamburg stirbt der langjährige Bürgerschaftspräsident und Ehrenbürger Adolf Schönfelder (SPD).

12.5. In Osdorf wird das Elbe-Einkaufszentrum (EEZ) eröffnet.

17.5. Die Howaldtswerke in Hamburg und Kiel und die Deutsche Werft in Hamburg beschließen die Fusion.

1.6. Auf der Veddel wird eine Flussschifferkirche eröffnet. Sie wird von der Evangelisch-lutherischen Landeskirche getragen.

26.6. Die Beatles gastieren in der Ernst-Merck-Halle. In der Innenstadt kommt es zu Ausschreitungen.

26.6. Der FC St. Pauli scheitert in der Aufstiegsrunde zur Fußball-Bundesliga an Rot-Weiß Essen.

Juni 1966. Der gewerkschaftseigene Wohnungsbaukonzern „Neue Heimat" präsentiert Pläne für das „Alsterzentrum", ein Hochhausviertel in St. Georg.

14.7. Eröffnung des Friedhofs Öjendorf.

7.9. Das in Hamburg beheimatete Passagierschiff „Hanseatic" brennt im New Yorker Hafen aus, wird später nach Hamburg geschleppt und in Altenwerder abgewrackt.

6.10. In Berlin weiht Axel Springer das neue Verlagshaus direkt an der Mauer ein.

20.10. Der Wallring-Straßentunnel wird in Betrieb genommen.

30.10. Das Teilstück der U-Bahn-Linie U 2 von der Lutterothstraße bis Hagenbecks Tierpark wird fertiggestellt.

31.12. Das traditionsreiche SPD-Organ „Hamburger Echo" wird eingestellt.

Kreischende Beatles-Fans bei der Ankunft auf dem Flughafen. (Ullstein-Timm(L))

John, Paul, George und Ringo in der Ernst-Merck-Halle. (Ullstein)

SPD-Wahltriumph –
Herbert Weichmanns Sieg

Als der Hamburger SPD-Landesvorstand Anfang Juni 1965 den Finanzsenator Professor Dr. Herbert Weichmann für das Amt des Ersten Bürgermeisters nominierte, war das durchaus nicht gleichbedeutend mit der Entscheidung über die SPD-Spitzenkandidatur für die Bürgerschaftswahl vom Frühjahr 1966. Das hatte mehrere Gründe. In der Parteiführung wurde zwar im Zusammenhang mit dem Namen Weichmann das Wort Übergangslösung peinlich vermieden, aber unter den Spitzengenossen herrschte ein stillschweigendes Einverständnis darüber, dass man sich beizeiten nach einem Nachfolger für den immerhin schon 69-jährigen Regierungschef werde umsehen müssen. Hinzu kamen weitere Gesichtspunkte, die zur Vorsicht zu mahnen schienen: Der neue Bürgermeister würde nur wenige Monate Zeit haben, um in diesem Amt Profil zu gewinnen. Er war kein Hamburger, er war Emigrant, und er war Jude.

Zwar hatte Herbert Weichmann schon nach wenigen Wochen durch eine sehr souveräne Amtsführung klargestellt, dass er sich keinesfalls als Interims-Bürgermeister betrachtete. Doch die übrigen Aspekte waren geblieben. Sie wurden ergänzt durch das Ergebnis von Meinungsumfragen, denen klar zu entnehmen war, dass in der Stadt insbesondere in der Verkehrs- und in der Schulpolitik beachtliche Vorbehalte gegen die Senatspolitik bestanden. Als ein außerordentlicher Landesparteitag der Hamburger SPD am 8. Januar 1966 Bürgermeister Herbert Weichmann als Spitzenkandidaten für die Bürgerschaftswahl vom 27. März 1966 nominierte, war eine gewisse Skepsis in der Regierungspartei nicht zu übersehen. Viele Sozialdemokraten hatten Zweifel, ob es gelingen werde, das stolze SPD-Ergebnis von 1961, Paul Nevermanns 57,4 Prozent, zu halten. Eher rechnete man damit, dass die SPD ein paar Prozentpunkte einbüßen werde.

Der Wahlabend widerlegte alle diese Bedenken komplett. Die SPD errang mit dem Spitzenkandidaten Herbert Weichmann einen triumphalen Sieg: 59 Prozent der abgegebenen Stimmen, 74 statt bislang 72 Mandate im Landesparlament. Es war das bislang beste Wahlergebnis der Hamburger SPD in der gesamten Nachkriegszeit – bis heute. Die CDU konnte sich zwar leicht verbessern, kam jedoch mit 30,0 Prozent nur geringfügig über die 29,1 Prozent von 1961 hinaus. Die FDP musste Federn lassen – die Elbliberalen blieben mit 6,8 Prozent deutlich unter den 9,6 Prozent der Wahl zuvor.

Herbert Weichmann kommentierte diesen Wahlausgang ohne jeden Überschwang: „Wir haben mehr erreicht, als wir erwartet haben. Wenn man den Bürgermeisterwechsel im vergangenen Jahre berücksichtigt, zudem die Tatsache, dass ich als Neuer ja nur wenig Zeit bis zum Wahltag hatte, wenn man den Fall Haase * mit seinen emotionellen Elementen mit einbezieht und schließlich noch einen gewissen Abnutzungsfaktor nach acht Jahren Regierungszeit erwägt, dann ist unter diesen negativen Umständen der Zuwachs der SPD sehr befriedigend".

Er betrachtete diesen Wahlerfolg durchaus als einen persönlichen Vertrauensbeweis. Aber es mag wohl sein, dass ihm nicht völlig bewusst war, wie Recht er damit hatte. Gewiss konnte die SPD in den wesentlichen Politikfeldern, in der Wirtschaftsförderung, im Wohnungsbau, in der Entwicklung der gesamten städtischen Infrastruktur, eine eindrucksvolle Leistungsbilanz vorweisen. Der SPD-Wahlslogan „In Hamburg lebt man besser" war für die Menschen in der Stadt nachvollziehbar. Aber es war vor allem die souveräne Persönlichkeit dieses Bürgermeisters, sein preußisches Pflichtbewusstsein, seine Sachkunde, seine staatsmännische Ausstrahlung, die die Wählerinnen und Wähler für ihn einnahmen. Sie vertrau-

* Siehe Seite 86

ten ihm einfach – und sie haben es, ganz Hamburg hat es nicht bereut.

Die FDP interpretierte ihre Einbußen als Votum der Wähler gegen eine weitere Koalition mit der SPD und beendete das sozialliberale Bündnis. Herbert Weichmann bildete daraufhin am 6. April einen reinen SPD-Senat. Neue Mitglieder wurden Wilhelm Eckström (Ernährung und Landwirtschaft), Ernst Heinsen (Bevollmächtigter bei der Bundesregierung), Helmuth Kern (Wirtschaft), Caesar Meister (Baubehörde) und Peter Schulz, der sich im Verlauf des Justizskandals Haase einen Namen gemacht hatte und nun den Auftrag erhielt, aus der Gefängnisbehörde und der Senatskommission für die Justizverwaltung eine Justizbehörde aufzubauen.

Zeitzeuge: Helmuth Kern
Der Hafen-Senator

Helmuth Kern hat die Hamburger Geschicke von 1966 bis 1976 als Wirtschaftssenator mitbestimmt und dabei entscheidende Weichen für die Entwicklung der Stadt gestellt. Als ausgewiesener Hafenexperte lag ihm besonders dieser Bereich am Herzen. Unter Kerns Führung wurde der Hamburger Hafen für die Anforderungen der Zukunft fit gemacht. Die entscheidenden Projekte wurden in den ersten Jahren seiner Amtszeit als Wirtschaftssenator ab 1966 angeschoben.

Helmuth Kern erinnert sich:

Die sechziger Jahre waren eine bedeutende Zeit in meinem Leben. 1966 wurde ich in den Senat berufen. Das Amt als Wirtschaftssenator unter Bürgermeister Herbert Weichmann kam für mich überraschend, denn meine persönliche Planung sah zu dem Zeitpunkt anders aus. Eigentlich sollte ich Nachfolger des damaligen HHLA-Vorstands werden, einen Vertrag zum 1.1.1967 als stellvertretender Vorstandsvorsitzender der Hamburgischen Hafen- und Lagerhaus-Gesellschaft hatte ich schon unterschrieben.

Nun kam alles anders: Die SPD hatte die Bürgerschaftswahl mit absoluter Mehrheit gewonnen und konnte damit allein, also ohne den bisherigen Partner FDP regieren. Damit war das Amt des Wirtschaftssenator vakant, das bisher eine FDP-Domäne gewesen war.

Was lag also näher, als den bisherigen SPD-Fraktionssprecher für Wirtschaft und Hafen, also mich, zu berufen. Meine politischen Freunde meinten: „Du hast jahrelang den Mund gespitzt, nun musst Du auch pfeifen!"

„Den Mund gespitzt" hatte ich in den neun Jahren in der Bürgerschaft schon vielfach, eine große Zahl von Debattenbeiträgen zu allen möglichen Themen der hamburgischen Wirtschaftspolitik sind in den Bürgerschaftsprotokollen nachzulesen. Besonderes Aufsehen erregte 1962 der von Gerd Brandes, Oswald Paulig und mir im Parlament vorgetragene Vorschlag zur Entwicklung einer „Norddeutschen Wirtschaftsgemeinschaft", in der die Länder Schleswig-Holstein und Hamburg eine gemeinsame Raumplanung, Investitionsplanung und Raumwerbung einbringen sollten, sozusagen ein erster Ansatz für einen gemeinsamen Nordstaat. Das Echo der Öffentlichkeit auf diese Idee war jedenfalls durchweg positiv, nur der Senat war sauer, weil wir ihn mit diesem Vorschlag aus dem Parlament heraus völlig überraschten, und das hat keine Regierung so gern.

Nun aber war ich als Senator in der Verantwortung, hatte die Seiten gewechselt. Ich war nicht mehr nur kritischer Beobachter, sondern konnte und musste selbst gestalten. Die Jahre unter Herbert Weichmann bis 1972 waren eine wunderbare Zeit für mich, in der ich für Hamburg sehr viel bewegen konnte.

Das Container-Zeitalter begann am Burchardkai. (Keystone)

Auf einer Reise nach New York war ich Zeuge des ersten gewerblichen Güterverkehrs per Container zwischen New York und Puerto Rico. Mir war schnell klar, dass ich hier dem See- und Transportsystem der Zukunft begegnet war, für das auch Hamburg vorbereitet werden musste.

Wieder zuhause, machte ich mich an meine erste große Investitionsvorlage für den Senat: Die erste Stufe eines Containerterminals mit einem Investment von 35 Millionen DM. In dieser Zeit hatte in Bremen durch den amerikanischen Militärverkehr das Container-Zeitalter schon begonnen. Trotzdem gab es im Senat Bedenken, der Bürgermeister meinte: „Junger Herr Kollege, Sie haben keinen Umschlagvertrag. Sie haben keine Reederei, die mit Containern nach Hamburg kommen will, und da soll der Senat, allein auf das Prinzip Hoffnung vertrauend, eine solche Riesensumme bewilligen?" Meine Kritiker glaubten damals, allein Häfen im unmittelbaren Küstenbereich hätten hier Chancen und kein Reeder würde mit solchen Schiffen die 100 Kilometer Revierfahrt auf der Elbe machen. Diese Meinung vertrat auch mein Bremer Kollege, Hafensenator Bortscheller. Der schlug sogar vor, Hamburg und Bremen sollten in Bremerhaven gemeinsam einen Containerhafen betreiben – Hamburg sollte zahlen und Bremen den Betrieb durchführen. Und in Hamburg sollte man auf den Containerverkehr verzichten.

Ich war mir sicher, dass der riesige Verkehrs-Ballungsraum Hamburg mit seinem bedeutenden Loco-Verkehr trotz der Revierfahrt genug Anreiz für die Schifffahrt bilden würde, denn welcher wirtschaftliche Unsinn wäre es, Tausende von Containern wöchentlich von einem Außenhafen wie Bremerhaven über den Landweg nach Hamburg zu schaffen. So folgte der Senat meinem Antrag. Heute schlägt der Hamburger Hafen doppelt so viele Container um wie Bremen und Bremerhaven zusammen, er ist die Nummer zwei in Europa und auf Rang acht in der Welt. Unterstützung bekam ich damals vor allem von Kurt Eckelmann, der wesentlichen Verdienst daran hat, dass auf einer Konferenz in Paris eine weltweite Normierung des Containers auf 20-Fuß- und 40-Fuß-Einheiten beschlossen wurde. Damit wurde der Weg ins Container-Zeitalter endgültig frei. So wuchs 1967 am Burchardkai der erste Containerterminal der HHLA und gegenüber der Terminal der Eurokai KG von Kurt Eckelmann. Bereits ein Jahr später lag das erste Containerschiff der United States Line am Burchardkai. Heute werden 98 Prozent des Stückgutverkehrs im Hamburger Hafen als Containerverkehr abgewickelt.

Die 1966 begonnene Entwicklung des Hafens mündete in der neuen Hafenordnung von 1970. Sie schrieb die Umstrukturierung des Hafens fest. Seit gut 100 Jahren war der Hafen in städtischem Besitz, die Stadt baute die Hafenanlagen auf eigenem Grund, übergab diese an die HHLA, die als eine Art Behörde die Anlagen dann per Pacht-Leih-Vertrag zur Nutzung an die Firmen gab oder auch selbst bewirtschaftete. Für den Hafenbetrieb investierte die Stadt jährlich 100 Millionen DM.

1965/66 war der im Krieg zu 80 Prozent zerstörte Hafen praktisch wieder aufgebaut, aber genau wie vor dem Krieg mit schmalen Kaizungen und Rampenschuppen. Und als wir gerade dachten, nun wäre der Hafen wieder voll funktionsfähig, mussten wir feststellen, dass der Containerverkehr völlig andere Kaiflächen und Krane benötigte. Wir mussten den Hafen ein zweites Mal nach dem Krieg wieder aufbauen, und da reichten keine 100 Millionen DM jährlich mehr, sondern mindestens die doppelte Summe musste mobilisiert werden. Mein entsprechender Antrag bei Finanzsenator Gerd Brandes traf auf völlige Ablehnung. Er verwies mit Recht auf die damals geburtenstarken Jahrgänge, die auf die Schulen drängten. Dort läge jetzt der Schwerpunkt der staatlichen Investitionen. „Du kannst froh sein, wenn es bei deinen 100 Millionen DM bleibt", sagte er.

Mir war klar, dass dies eine völlige Strukturveränderung der 100 Jahre alten Hafenordnung bedeuten musste. Wenn man die Wirtschaft selbst im Hafen zu Investitionen bewegen wollte, musste man ihr auch den freien Wettbewerb gewähren und die hoheitlichen Lenkungsrechte der HHLA beseitigen. Gleichzeitig musste aber auch die HHLA in eine Kapitalkraft gebracht werden, die auch ihr die notwendige Beweglichkeit zu eigenen Investitionen verschaffte. Die neue Hafenordnung, die von meiner Behörde dem Senat und der Bürgerschaft vorgeschlagen wurde, sah daher eine Gleichstellung der privaten Hafenbetriebe mit der HHLA vor, bot vom Staat nur noch die Investitionen in die Infrastruktur, dass heißt für Wasserbecken, Kaimauern und Flächenherstellung, an und verlangte von den Umschlagunternehmen die Eigenfinanzierung der Suprastruktur, also der Schuppen, Gleise, Transportgeräte und Krane.

1970 trat die neue Hafenordnung in Kraft. Die Hafenwirtschaft stieg voll in die notwendigen Eigenfinanzierungen ein, und nach wenigen Jahren war der Hafen nicht mehr wiederzuerkennen. Die Rampenschuppen und Fingerpiers waren verschwunden, großflächige Containerterminals waren an ihre Stelle getreten. Der Hafenumschlag wuchs jährlich um zweistellige Prozentzahlen. Die damals lautstark vorgetragenen Sorgen des Betriebsrats der HHLA, die Gesellschaft könne den freien Wettbewerb nicht überleben, sind verstummt – die Gesellschaft zahlt ihrem Aktionär, der Stadt Hamburg, inzwischen sogar eine Dividende.

Wohntürme in St. Georg:
Albert Vietor und sein Traum vom Alsterzentrum

Die Bezeichnung „Alsterzentrum" nahm sich eher harmlos aus für das städtebaulich revolutionäre Projekt, das Albert Vietor, Chef des gewerkschaftseigenen Baukonzerns „Neue Heimat", am 16. Juni 1966 im Phönixsaal des Rathauses Bürgermeister Herbert Weichmann (SPD) und mehreren Senatsmitgliedern vorstellte: Für rund zwei Milliarden Mark, die Abbruchkosten der vorhandenen Bausubstanz eingerechnet, sollte in St. Georg ein gigantisches Bauvorhaben realisiert werden. Vietors Konzern wollte auf einer 20 Hektar großen Fläche zwischen dem Hauptbahnhof, dem Hotel Atlantic, dem Hansaplatz und der Lohmühlenstraße ein 700 Meter langes Basisbauwerk errichten, das die Form eines „C" haben sollte. Darüber sollten fünf gigantische, 130 bis 200 Meter hohe Wohntürme entstehen, der höchste mit 63 Stockwerken. Diese Hochhäuser sollten mehrere Verkehrs-, Fußgänger- und Geschäftsebenen umschließen. Eine eigene U-Bahn-Station, unterirdische Anfahrtsstraßen, eine vierstöckige Tiefgarage mit 16.500 Stellplätzen – es war an alles gedacht. 6.500 Wohnungen sollten in diesem „Alsterzentrum" 20.000 Mieter aufnehmen. Auf den Gewerbeflächen sollten Arbeitsplätze für 15.000 Menschen geschaffen werden.

Modellzeichnung des Alsterzentrums St. Georg. (Ullstein-Schütze)

Schon seit Anfang 1966 hatte Vietor den Senat gedrängt, großzügige Maßnahmen zur Stadterneuerung einzuleiten – natürlich in enger Zusammenarbeit mit dem NH-Konzern. Am 21. Juni 1966 befasste sich die Landesregierung zum ersten Mal mit Vietors Plänen und beauftragte die Baubehörde mit einer gründlichen Prüfung und Stellungnahme. Am 21. November 1966 legte Bausenator Caesar Meister (SPD) das Ergebnis vor. In dieser Expertise hieß es: „Die Überprüfung hat ergeben, dass das Projekt der Neuen Heimat in der vorgelegten Fassung wegen seines Ausmaßes und der zu erwartenden Auswirkungen auf die Stadtstruktur und die bisherige Stadt- und Regionalplanung nicht empfohlen werden kann." Jedoch enthalte es „Anregungen für die Neugestaltung von St. Georg, die es rechtfertigen, ihnen weiter nachzugehen…" Dazu wurde eine Arbeitsgruppe aus Beamten der Baubehörde und NH-Experten gebildet. Zu einem von diesem Gremium vorgeschlagenen städtebaulichen Ideenwettbewerb unter internationaler Beteiligung kam es jedoch nicht mehr. Die Haushaltslage der Stadt verschlechterte sich dramatisch, die Behörden entwickelten Vorgaben, die die ursprünglichen Kalkulationsgrundlagen des NH-Konzerns zu Makulatur werden ließen, und parallel dazu trübten sich die Beziehungen zwischen Vietor und dem Senat ein. 1969 verlief das Projekt endgültig im Sande.

Zeitzeuge: Herbert von Nitzsch
Der Schiffbauer

Herbert von Nitzsch hat als Schiffbau-Manager die Entwicklung der Hamburger Werft Blohm + Voss entscheidend mitbestimmt. Der gelernte Schiffbau-Ingenieur hat seine Karriere 1960 auf der Stülcken-Werft begonnen und kam im Zuge der Fusion 1966 zu Blohm + Voss.

Herbert von Nitzsch erinnert sich:

In den sechziger Jahren sah die Werftlandschaft in Hamburg noch deutlich anders aus als heute. Die Schiffbau-Industrie in Deutschland sortierte sich neu, besonders in Hamburg.

Ich hatte mein Studium zum Schiffbau-Ingenieur beendet und war 1960 zur Stülcken-Werft gekommen. Das 1840 gegründete Familienunternehmen hatte in den 50er Jahren den sogenannten Stülcken-Baum entwickelt, eine Hebevorrichtung, mit dessen Ladegeschirr schiffsseits bis zu 600 t gehoben werden konnten. Von der Werft auf Steinwerder hatte ich auch einen guten Blick zum Nachbarunternehmen, der Blohm + Voss AG, wie die Werft damals hieß. Hier hatte ich bereits in meiner Studentenzeit mal hineinschnuppern dürfen. Ich hatte mir in den Semesterferien als Schiffbauer dort bereits Geld hinzu verdient.

Ende der fünfziger Jahre hatte bei Blohm die Zeit der Gastarbeiter begonnen. Die meisten von ihnen kamen aus Jugoslawien. Dort hatten Mitarbeiter der Personalabteilung vor allem Hilfskräfte angeworben, die wurden in Hamburg dringend gebraucht. Die damalige Produktion war deutlich personal-intensiver als heute. Während damals zum Beispiel in Halle 4 mehr als 70 Menschen arbeiteten, sind es heute gerade noch vier.

Die Männer sprachen kaum Deutsch, die Verständigung war mühsam. Kommunikation fand mit Händen und Füßen statt. Schwierig war auch die Unterbringung der Arbeiter, denn Wohnungen waren alles andere als reichlich vorhanden. Dazu kam, dass die Männer wenig verdienten, also billig wohnen mussten. Hier unterstützte die Werft, so gut es ging.

Ganz anders als heute lief damals auch die Lohnauszahlung. Geld gab es wöchentlich jeweils don-

nerstags nach Schichtende. Girokonten bei der Bank waren noch unüblich. Das Geld wurde an Schaltern mit kleinen Fenstern in der Nähe des Werkstores ausgezahlt. Dort versammelten sich die Männer, um ihren Lohn abzuholen. Vor dem Tor standen die Ehefrauen, die ihre Männer, aber vor allem das Geld in Empfang nehmen wollten. Denn es bestand jede Woche die akute Gefahr, dass die Werftarbeiter einen Umweg über die nächste Kneipe einlegten und nur noch wenig Geld zu Hause ankam.

Der eine oder andere hat im Angesicht des Empfangskommandos vor dem Tor schon mal den Hinterausgang genommen. Was ihre Männer wirklich verdienten, erfuhren die Frauen wohl erst nach Einführung der bargeldlosen Gehaltszahlung über den Kontoauszug.

Einer der wichtigsten Einschnitte in die Hamburger Werftenszene kam 1962 mit dem Konkurs der Schlieker-Werft. Willy H. Schlieker hatte sich nach dem Krieg einen Industriekonzern aufgebaut, sich auf der Hamburger Werft beim Bau des Kabellegers Long Lines finanziell jedoch verkalkuliert. Da die Banken weitere Finanzspritzen verweigerten, geriet die Werft in die Krise. Der Nachbar und Konkurrent Blohm + Voss lehnte es ab, die Werft zu übernehmen. Stattdessen bot Blohm an, die bei Schlieker im Bau befindlichen Marine-Schiffe fertig zu bauen. Die Schlieker-Pleite war eine Art Marktbereinigung, wie sie heute an der Tagesordnung ist.

So verschwand damals die erste Werft von der Hamburger Bildfläche. Eine zweite sollte Mitte der 60er Jahre folgen.

Ich konzentrierte mich jedoch zunächst auf meine Arbeit bei Stülcken und auf mein familiäres Umfeld. 1964 heiratete ich, meine Frau Birgit kannte ich schon aus meiner Studentenzeit. Wir mussten heiraten, um eine Wohnung zu bekommen, denn Wohnraum war damals noch rar. Zudem hätten wir ohne Trauschein keine Chance auf eine Wohnung gehabt. Ein Zusammenleben in „wilder Ehe" war damals noch unüblich. Ich hatte meine Studentenbude in Tonndorf, und meine Frau wohnte noch bei ihren Eltern.

Wir bekamen eine Zweieinhalb-Zimmer-Wohnung unterm Dach in Neu Wulmstorf, etwas außerhalb Hamburgs. Jeden Morgen fuhr ich nun zur Werft, entweder außen herum über Wilhelmsburg und durch den Freihafen oder mit der Eisenbahn-Fähre über den Köhlbrand. Die Köhlbrandbrücke als schnelle Verbindung zwischen dem südlichen und dem nördlichen Teil Hamburgs stand damals noch nicht.

Unsere Freizeit verbrachten wir entweder zuhause oder im Raum Harburg. Einmal in der Woche ging es zur Tanzschule Hädrich, dort lernten wir die Schritte für Fortgeschrittene in Latein- und Standard-Tänzen.

Meine Zeit bei Blohm + Voss begann 1966 wiederum mit einer Umstrukturierung im Schiffbau. Die politischen Signale aus Bonn standen damals auf Konzentration. Dem kamen Entwicklungen in Hamburg entgegen: Die wegen finanzieller Probleme in Schieflage geratene Stülcken-Werft wurde von Blohm + Voss übernommen. Innerhalb eines Wochenendes war man sich über die Formalitäten des Zusammenschlusses einig. Und ich war, wie alle anderen Werftmitarbeiter von Stülcken, plötzlich beim großen Nachbarn und Konkurrenten beschäftigt.

Für mich war die Großwerft Blohm + Voss 1966 nicht neu, ich kannte sie ja bereits aus Studententagen. Damals hatte ich mir gesagt, zu diesem Laden gehst du nie. Zu groß, zu unpersönlich schien mir die Werft. Und wenn man uns ins Hauptgebäude mit seinen decksähnlichen Fluren schicke, dann sprach man im Werksjargon nur vom Gefängnis mit seinen einzelnen nummerierten Zellen. Nun war ich also doch hier gelandet.

1968 verließ ich Hamburg für anderthalb Jahre und ging mit meiner Frau in die USA. Im Rahmen eines Bundesauftrages lernte ich die amerikanische Schiffbau- und Zulieferindustrie kennen.

Als ich nach Hamburg zurückkam, war das Helgen-Gerüst der einstigen Stülcken-Werft abgebaut. Damit war ein Stück Hamburger Werftgeschichte endgültig verschwunden. Die Zukunft für Blohm + Voss hatte jedoch längst begonnen. Ab 1967 wurde *der erste Marine-Exportauftrag verhandelt. Es ging um die Lieferung von Korvetten für die portugiesische Marine. Blohm + Voss war als Vorbau-Werft für die spanische Werft „Bazan" im Gespräch und erhielt den Auftrag. Für mich als jungen Schiffbau-Ingenieur waren dies die ersten Vertragsverhandlungen, an denen ich teilnahm.*

Der Tod eines Häftlings – die Bürgerschaft untersucht den „Fall Haase"

Am 9. März 1966 stand ein bitteres Thema auf der Tagesordnung der Hamburgischen Bürgerschaft: das Ermittlungsergebnis eines Untersuchungsausschusses zum „Fall Haase". Es ging um die bedrückende Frage, wie es geschehen konnte, dass in einer hamburgischen Haftanstalt ein Untersuchungsgefangener durch Gewalteinwirkung zu Tode gekommen war, und wer die Verantwortung für diesen skandalösen Vorgang trug. Was der Ausschuss herausgefunden hatte, war ein Abgrund an Behördenversagen. Geschehen war dies: Am 18. Juni 1964 war der 49-jährige Kellner Ernst Haase, ein aus Hamburg stammender Deutsch-Amerikaner, unter Diebstahlsverdacht in das Untersuchungsgefängnis eingeliefert worden. Haase war als Tourist in seine Vaterstadt gekommen. Er wollte alte Freunde besuchen und hatte teils in deren Begleitung, teils allein ausgedehnte Zechtouren unternommen. Sie endeten in dem Lokal des ihm gut bekannten Gastwirts Felix B. Dort war er am 17. Juni festgenommen worden, weil er nach Aussage des Kneipiers in die Kasse gegriffen hatte. Weitere Zeugen gab es dafür jedoch nicht. Haase randalierte, als die Polizei kam. Das war der Ausgangspunkt der Tragödie.

In den Vernehmungen, die am Morgen des 18. Juni in der Polizeirevierwache 32 fortgesetzt werden sollten, benahm Haase sich erneut aggressiv und warf den Polizeibeamten „Gestapo-Methoden" vor. In dem Zuführungsbericht hieß es, der Festgenommene mache „einen äußerst verstörten Eindruck". Aus dem Fall wurde eine Haftsache, und der Haftrichter erkannte Selbstmordgefahr, Gefahr der Selbstbeschädigung und Gewalttätigkeit. In den nächsten Tagen verhielt sich der Untersuchungsgefangene Haase weiterhin aufbrausend aggressiv, und mehrfach wurde er gegen Vollzugsbeamte tätlich. Daraufhin brachte man ihn in eine Beruhigungszelle, die so genannte „Glocke". Diese Zelle 1/85 war ein gänzlich kahler Raum mit einer Grundfläche von 3,60 mal 2,10 Metern. Als Lagerstatt diente ein in den Betonfußboden eingelassener Holzrost. Die Toilette bestand aus einem Loch rechts neben der Tür. Haases Verhalten wechselte zwischen Apathie und Aggressivität. Mehrmals wurde er wieder in die „Glocke" gebracht.

Knapp zwei Wochen nach Haases Einlieferung, am 30. Juni 1964, unternahm der Hauptwachmeister Heinrich K. mittags den üblichen Rundgang. Er schloss die Zelle 1/85 auf und sah, wie er später zu Protokoll gab, „Herrn Haase in einer… merkwürdig erscheinenden Haltung am Boden liegen. Er lag nicht, wie sonst immer, auf dem Holzrost, sondern seitlich auf dem Zementfußboden." Der Häftling war nackt, und er war mit Kot besudelt. Neben ihm stand ein Plastiknapf, darin Kartoffeln mit Soße und Gemüse, das Mittagessen.

Dem Justizhauptwachtmeister Heinrich K. missfiel die Stellung, in der er den Häftling angetroffen hatte. Er tippte ihn auf die Schulter und forderte ihn auf, sich „vernünftig hinzusetzen", jedoch vermochte Haase dieser Anweisung nicht zu folgen. Er war tot.

Sogleich erschien der alarmierte Anstaltsleiter, Oberregierungsrat Bodo O., kurz darauf gefolgt von drei Beamten der Mordkommission. Sie nahmen den Toten in Augenschein, untersuchten die Zelle, auch den Plastiknapf, dessen Inhalt sie als „offenbar unberührt" befanden. Nun begannen Befragungen von Mithäftlingen, auch der Anstaltsarzt Dr. Ewald J. wurde einvernommen, und am nächsten Tag fertigte ein Kriminalmeister der Mordkommission in dieser Sache einen „Schlussvermerk". Der Tod sei nicht „durch fremde Hand" eingetreten, sondern „aus innerer Ursache".

Immerhin wurde der Leichnam zur näheren Untersuchung in das gerichtsmedizinische Institut gebracht, und dort wurden zahlreiche Blutergüsse festgestellt. Die daraufhin angeordnete Obduktion hatte ein alarmierendes Ergebnis: Rippenbrüche mit Quetschungen der Lungenlappen, zahlreiche Hämatome am ganzen Körper. Der Obduzent, Obermedizinalrat Dr. Werner Naeve, ein erfahrener Rechtsmediziner, war sicher: Das konnten nur die Folgen schwerer Misshandlungen gewesen sein, und gab diesen Befund pflichtgemäß zur Akte. Weitere Untersuchungen verhalfen dem Fall zu einer zusätzlich schrecklichen Dimension: Der Physiologe Professor Dr. Adolf Bleichert vom Universitätskrankenhaus Eppendorf kam als Gutachter zu dem Ergebnis, zum Todeszeitpunkt müsse in der „Glocke" eine „Raumtemperatur von sicher weit über 40 Grad Celsius" geherrscht haben: „Wüstenklima zur Mittagszeit". Als Todesursache sei ein „progredientes Kreislaufversagen" anzusehen.

Die Justiz nahm sich des Falles Haase zunächst nicht etwa mit staatsanwaltschaftlichen Ermittlungen an, sondern es fanden „dienstliche Befragungen" statt, vorgenommen durch einen Oberinspektor des Strafvollzugsamtes. Schon das war ein schwerer Verstoß gegen bestehende Vorschriften, die eine Sachverhaltsaufklärung durch eigene Beamte ausschlossen. Das Ergebnis der „Befragungen" war, dass der Oberwachtmeister Albert U. einräumte, er habe dem randalierenden Haase „drei Schläge mit dem Gummistab auf sein Gesäß" verabreicht. Die Mordkommission kam zu ähnlich nichts sagenden Ergebnissen. Monate hindurch wurde der Fall Haase als Leichensa-

Ernst Haase. (Ullstein-UPI)

che ohne Verdacht auf Fremdverschulden behandelt, die Akte ging auf eine bürokratische Odyssee, ein Irrläufer zwischen der Anstaltsleitung, der Gefängnisbehörde, der Mordkommission, der Staatsanwaltschaft. Es wechselten die Sachbearbeiter, es änderte sich das Aktenzeichen, eineinhalb Jahre hindurch ging das alles seinen Gang, nur sachdienliche Resultate blieben aus. Hartnäckig blieb nur der Gerichtsmediziner Naeve, der auf weitere Untersuchungsergebnisse verwies und zielführende Ermittlungen verlangte. Doch die behördlichen Schlampereien gingen weiter. Weder informierte der leitende Beamte der Gefängnisbehörde seinen Senator Gerhard F. Kramer (SPD) über den Sachstand, noch unterrichtete der Leitende Oberstaatsanwalt den Generalstaatsanwalt Ernst Buchholz davon, dass nun doch irgendwann ein formelles staatsanwaltschaftliches Ermittlungsverfahren wegen Körperverletzung mit Todesfolge eingeleitet worden war. Wie nachlässig es betrieben wurde, zeigte sich erneut im September 1964, als die Leitung der Untersuchungshaftanstalt von einem ehemaligen Mithäftling Haases, dem Seemann Herbert L., einen Brief bekam: Er habe selbst gesehen, wie Haase „sich vor einem Beamten niederkniete und bettelte: Bitte, bitte, nicht mehr schlagen". Mehrfache Versuche, den inzwischen aus der Haft entlassenen Herbert L. zu vernehmen, scheiterten an widrigen Umständen – er war ja Seemann und schwer zu erreichen…

Generalstaatsanwalt Ernst Buchholz erfuhr von alledem nicht etwa aus seiner eigenen Behörde, sondern von einem Journalisten: Am 15. Dezember 1965 empfing er den Redakteur Erhard Evers von der „Hamburger Morgenpost", der sich bei ihm nach dem Sachstand erkundigen wollte. Buchholz zog sofort den Fall an sich und tat, was zu tun war. Nun wurde wirklich ermittelt. Bürgermeister Herbert Weichmann war tief bestürzt, als er Ende Januar 1966 durch einen Artikel im „Hamburger Abendblatt" von dem Todesfall Haase erfuhr. Er sorgte für einen unverzüglichen Senatsbeschluss, mit dem der Leiter des Rechtsamtes, Senatsdirektor Dr. Richard Löffler, als unabhängiger Untersuchungsführer in dieser Sache bestellt wurde. Aber weder dessen energische Bemühungen um Aufklärung des Sachverhaltes, noch die Ermittlungen der Staatsanwaltschaft und, parallel dazu, des bürgerschaftlichen Untersuchungsausschusses konnten die entscheidende Frage klären, bis heute: Wer hat den Häftling Ernst Haase in der Untersuchungshaftanstalt zusammengeschlagen? Es wurden weitere Todesfälle aus den Jahren 1957 und 1963 bekannt. Zu Anklagen kam es jedoch nicht.

Serienbankräuber gefasst: Ist es „Spitznase"?

Am frühen Vormittag des 3. Januar 1966 wurde die Zweigstelle Delmenhorst der Oldenburgischen Landesbank überfallen. Der Täter hatte sich als Kunde getarnt und an der Kasse einen 1.000 DM-Schein mit der Bitte vorgelegt, diesen zu wechseln. Während dieses Gesprächs zog er plötzlich eine Pistole, sprang über den Tresen und raffte 100.000 DM zusammen, die gerade von Bankangestellten gezählt wurden. Als der Bankräuber sich anschickte zu fliehen und die etwa 30 Bankkunden mit der Waffe bedrohte, gelang es zwei beherzten Kassierern, ihn zu Boden zu werfen und zu überwältigen. Die alarmierten Polizeibeamten waren schockiert, als sich herausstellte, dass sie einen Kollegen hatten festnehmen müssen – den 51-jährigen Polizeimeister Hugo Alffcke von der Sonderwache im Polizeipräsidium am Berliner Tor. Als sie ihm die Handschellen anlegten, murmelte er: „Jetzt ist alles aus." Der Täter, verheiratet und Vater von drei Kindern, gehörte seit 1946 zur Polizei Hamburg. Er wohnte in Bergedorf. Die Ermittlungen ergaben, dass Alffke einer der gefährlichsten Bankräuber der Nachkriegszeit war. Ihm konnten neun vollendete und zwei versuchte Banküberfälle innerhalb von sechs Jahren nachgewiesen werden. Die Gesamtbeute betrug ohne die 100.000 DM aus dem Überfall in Delmenhorst fast 240.000 DM. Die Frage, ob er auch die „Spitznase"-Überfälle (siehe Seite 57) verübt hatte, wurde eingehend geprüft, konnte jedoch nicht geklärt werden. Bemerkenswert war jedoch, dass der Täter „Spitznase" nach der Festnahme Alffckes nicht wieder in Erscheinung trat. Hugo Alffcke wurde am 2. März 1968 vom Landgericht Oldenburg zu zwölf Jahren Zuchthaus, zehn Jahren Ehrverlust und Führerscheinentzug auf Lebenszeit verurteilt. Außerdem wurde er als gefährlicher Gewohnheitsverbrecher unter Polizeiaufsicht gestellt.

Bombenalarm im Hauptbahnhof – Erpresser deponiert Sprengsatz im Schließfach

Der diensthabende Redakteur alarmierte sofort die Polizei, als sich am 8. Februar in der Lokalredaktion des Hamburger Abendblattes ein Anrufer „Roy Clark" mit dem Hinweis meldete, im Hamburger Hauptbahnhof werde in fünfzehn Minuten eine Bombe detonieren. Als Beamte der Polizei und der Feuerwehr im Hauptbahnhof eintrafen, explodierte tatsächlich in einem der Schließfächer ein Sprengsatz. Die Polizei sperrte die Umgebung des Tatortes ab. Experten der Feuerwehr öffneten das Schließfach und stellten eine verkohlte Aktentasche sicher, in der sich ein Drahtgewirr befand. Die Explosion war durch ein Zeitzünderuhrwerk ausgelöst worden. Die Gesamtumstände des Falles schienen zunächst eher auf einen üblen Scherz hinzudeuten. Das war ein Irrtum. „Roy Clark" war ein gefährlicher Erpresser. (Siehe Seite 98)

Plattenhülle der Single „Roy Clark-Ballade". (Ullstein-C. T. Fotostudio)

Roy Clarks Bombentasche. (Ullstein-C. T. Fotostudio)

Ende des „Hamburger Echo" – SPD-Blatt ist pleite

Als das SPD-Organ „Hamburger Echo" zum 31. Dezember 1966 sein Erscheinen aus finanziellen Gründen einstellte, ging eine neun Jahrzehnte lange Tradition zu Ende, die dramatische Phasen der hamburgischen Stadtgeschichte einschloss, vor allem in den Jahren der Weimarer Republik. Hervorgegangen war das „Echo", wie es allgemein genannt wurde, aus dem 1875 gegründeten „Hamburg-Altonaer Volksblatt". Solange Bismarcks Sozialistengesetz in Kraft war, nannte sich das Blatt „Gerichtszeitung", später auch „Bürgerzeitung", und ab 1890, nach Aufhebung des Gesetzes, „Hamburger Echo". Es wurde gedruckt in der Hamburger Genossenschafts-Buchdruckerei, dem späteren Auer-Druck. Die Einstellung des insgesamt verdienstvollen Blattes war nicht nur eine Folge des Auflagenrückgangs, der alle parteipolitisch gebundenen Zeitungen traf und aus dem Markt ausscheiden ließ. Hinzu kam das Unvermögen der Hamburger SPD, das „Echo" nach Inhalt und Aufmachung an den Erfordernissen des harten Wettbewerbs auf dem Pressemarkt auszurichten. Die Partei setzte statt dessen auf das Boulevardblatt „Hamburger Morgenpost", das Ende 1966 noch eine Auflage von fast 350.000 Exemplaren hatte.

1967

Zeittafel

2.1. Auf der U-Bahn-Linie U 3 wird eine neue Teilstrecke zwischen den Stationen Berliner Tor und Horner Rennbahn in Betrieb genommen. Am 24. September folgt eine weitere Teilstrecke bis zur Station Legienstraße.

8.1. Umjubeltes Debut des Tenors Placido Domingo in der Staatsoper.

19.1. Ernst Deutsch spielt im Jungen Theater an der Mundsburg die Titelrolle in Lessings „Nathan der Weise".

14.2. Im Freihafen wird Europas größtes Verteilzentrum für Exportsammelladungen, das Überseezentrum, in Betrieb genommen.

23.2. Fünf Jahre nach der Flutkatastrophe steigt eine Sturmflut auf 3,5 Meter über Normalnull. Schwere Schäden an der gesamten Küste. Hamburgs Deiche halten.

22.3. Die Deutsche Atlantik Linie in Hamburg erwirbt das israelische Passagierschiff „Shalom" (25.320 BRT) und stellt es als „Hanseatic" in Dienst.

10.5 Egon Monk, Leiter der Abteilung Fernsehspiel im NDR, wird als neuer Intendant des Deutschen Schauspielhauses nominiert. Er soll Nachfolger von Oscar Fritz Schuh werden.

31.5. Ein Düsenflugzeug der spanischen Charter-

Einweihung des Überseezentrums im Hafen. In der Mitte: Bundesverkehrsminister Georg Leber und Wirtschaftssenator Helmuth Kern. (Ullstein-Conti-Press(L))

fluggesellschaft Spantax landet versehentlich in Finkenwerder statt in Fuhlsbüttel.

3.6. Schah Reza Pahlevi und Kaiserin Farah Diba besuchen Hamburg. Bei Demonstrationen gegen das Herrscherpaar werden 28 Personen festgenommen.

10.6. Der HSV unterliegt im Endspiel um den deutschen Fußball-Vereinspokal im Stuttgarter Neckar-Stadion dem FC Bayern München mit 0:4.

10.6. Die Staatsoper beginnt eine Gastspielreise in die USA und nach Kanada.

23.6. Der Axel Springer Verlag nimmt Europas modernste Tiefdruckerei in Ahrensburg in Betrieb.

1.7. Verkaufsbeginn für Farbfernseher.

4.8. Die Siemens AG übernimmt für knapp 20 Millionen DM ein Viertel des Aktienkapitals der Blohm + Voss AG.

27.8. Kurz nach dem Start stürzt ein zweimotoriges Privatflugzeug in eine Kleingartensiedlung in Langenhorn. Die vier Insassen kommen ums Leben.

22.9. Die S-Bahn-Teilstrecke zwischen den Stationen Elbgaustraße und Pinneberg wird in Betrieb genommen.

7.10. Die deutsche Fußball-Nationalmannschaft schlägt im Volksparkstadion die Elf von Jugoslawien mit 3:1.

24.10. Bausenator Caesar Meister (SPD) legt den Grundstein für 1.061 Hochhauswohnungen am Osdorfer Born.

26.10. Axel Springer hält im Übersee-Club einen Vortrag zum Thema „Viel Lärm um ein Zeitungshaus".

9.11. Während der Rektoratsübergabe im Audimax der Universität demonstrieren Studenten mit einem Transparent „Unter den Talaren – der Muff von 1.000 Jahren" für Hochschulreformen.

15.12.. Die 33-jährige Angestellte Gisela W. aus Altona, als „Banklady" berüchtigt, wird nach einem Überfall auf eine Sparkasse in Bad Segeberg verhaftet.

21.12. In der Nähe von Cuxhaven wird der Erpresser „Roy Clark", der Kraftfahrer Alexander H., gefasst.

1967 Auf der Reeperbahn nimmt das erste von zwei Großbordellen seinen Betrieb auf.

Pfeifkonzerte und Krawalle:
Der Schah von Persien in Hamburg

Bürgermeister Professor Herbert Weichmann (SPD) zog ein bitteres Fazit, als am 5. Juni 1967 der 30-stündige Staatsbesuch von Schah Reza Pahlevi und Kaiserin Farah Diba in der Hansestadt beendet war. Der Aufenthalt des Herrscherpaares war begleitet von massiven Zusammenstößen zwischen der Polizei und

Das persische Kaiserpaar in Begleitung von Bürgermeister Herbert Weichmann und Wirtschaftssenator Helmuth Kern auf der Senatsbarkasse. (Ullstein-Conti-Press (L))

vorwiegend studentischen Schah-Gegnern: „Dieser Tag war in meiner Bürgermeister-Eigenschaft ein schwarzer Tag – und ein schwarzer Tag auch in der Geschichte Hamburgs. Gestern ist in dieser Stadt, die sich rühmt, ein Tor zu allen Ländern der Welt, ein Tor der Freundschaft zu sein, das Gesetz der Gastfreundschaft auf das Äußerste verletzt worden gegenüber dem Oberhaupt eines Landes, das in freundschaftlicher Absicht zu uns gekommen ist." Sichtlich betroffen fuhr der Bürgermeister fort: „Es ist in der Geschichte dieser Stadt noch nicht dagewesen, dass der Gastgeber in einer solchen Weise gehindert worden ist, dem Freund die freundliche Gesinnung unserer Stadt zum Ausdruck zu bringen. Mit der Verletzung der Gastfreundschaft verband sich zugleich eine Verletzung des Rufes unserer Stadt." Die Demonstranten seien weder repräsentativ für die Hamburger Bevölkerung noch für die Studentenschaft insgesamt. Hamburg gebe aus dem Steueraufkommen beträchtliche Mittel für die Universität aus: „Dies geschieht aber nicht, um dem Rabaukentum eine Stätte der Betätigung auf akademischem Feld zu bieten. Wir wünschen nicht, Pfeifkonzerte, Trillersymphonien und Krawalle aus staatlichen Mitteln von Hamburger Steuerzahlern zu subventionieren."

Was war geschehen? Während Schah Reza Pahlevi bei seinem ersten Besuch in Hamburg 1955, damals mit Kaiserin Soraya, mit Jubel empfangen worden war, kam es am 3. Juni 1967 zu schweren Krawallen, als der Schah und Kaiserin Farah Diba sich als Gäste des Senats in der Hansestadt aufhielten. Bei den gewaltsamen Auseinandersetzungen zwischen der Polizei, die mit großer Härte operierte, und den Demonstranten wurden 28 Schah-Gegner festgenommen, in der Mehrzahl Studenten. Die Polizei hatte über 3.000 Beamte aufgeboten. Die Härte dieses Konflikts war vor allem auf den Tod des Studenten Benno Ohnesorg zurückzuführen, der am Abend zuvor in Berlin bei Demonstrationen gegen den Schah durch eine Polizeikugel ums Leben gekommen war.

Bürgermeister Herbert Weichmann geriet nach diesem Besuch in eine politisch schwierige Situation, denn in der Hamburger SPD gab es, auch bei einflussreichen Parteimitgliedern, viel Sympathie für die Motive der Studenten. Zugleich stieß die harte Gangart der Polizei weithin auf scharfe Kritik. Erschwerend kam hinzu, dass ebenso wie in Berlin auch in Hamburg Mitglieder der iranischen Geheimpolizei mit Latten und Knüppeln gegen Schah-Gegner vorgegangen waren. Das war zweifellos ebenfalls ein schwerer Bruch des Gastrechts. Dem Bürgermeister war, als er vom „schwarzen Tag für Hamburg" sprach, noch nicht hinreichend bewusst, dass die Studenten-Proteste gegen den Schah und seine Regierung tatsächlich ein Teil der Unruhe waren, die 1967 einen großen Teil der studentischen Jugend erfasst hatte. Diese gesellschaftspolitische Dimension erschloss sich ihm erst in den Wochen darauf.

„Unter den Talaren – Muff von 1000 Jahren"

Es war eine Szene, die wie kaum eine andere in den 60er Jahren das Aufbegehren der jungen Generation gegen gesellschaftliche und politische Verkrustungen zum Ausdruck brachte: Am 9. November 1967 begleiteten die Studenten Detlev Albers und Gert-Hinnerk Behlmer im Audimax der Hamburger Universität die traditionelle Rektoratsübergabe an den neuen Rektor Professor Werner Ehrlicher mit dem bissigen Transparent „Unter den Talaren – Muff von 1000 Jahren". Studenten brachten mit Pfiffen, Sprechchören und Zwischenrufen ihr Missfallen an dem akademischen Ritual dieses Tages zum Ausdruck. Es war wie das Wetterleuchten der Außerparlamentarischen Opposition (APO) am Horizont der Establishment-Gesellschaft. Die Proteste der Studenten innerhalb wie außerhalb der Universität stießen auf scharfe Kritik, aber auch auf Verständnis, und beide Positionen wurden von zwei prominenten evangelischen Theologen mit großem Nachdruck vertreten. Bischof D. Hans-Otto Wölber verteidigte am 1. Dezember 1967 vor der Kirchensynode im Hamburger Rathaus in einem Referat zum Thema „Kirche und Jugend" die rebellierende junge Generation: „Hinter dem Ringen der Jugend steht die Forderung nach einer neuen Ordnung der menschlichen Gesellschaft. Was unsere Kirche betrifft, so erscheint sie der Jugend als ein Beispiel für das Trägheitsgesetz einer etablierten Gesellschaft, die für eine neue Welt nicht die Witterung zu haben scheint." Die Universitäten seien „unsere schwächsten Stellen der Demokratie". Überall in der Bundesrepublik seien neue Verwaltungs- und Versicherungspaläste, neue Autobahnen und Industriewerke entstanden. Doch die Studenten müssten auf ihre Zulassung warten, von Schein zu Schein, von Prüfung zu Prüfung, als ob nicht Leistungen getestet, sondern einfach Menschen aussortiert würden. Der Bischof zitierte einen Studentenpastor: „Während die Theorie von einer Partnerschaft der Lehrenden und Lernenden spricht, ist die Wirklichkeit der meisten Fächer ein Massenbetrieb mit göttergleichen Ordinarien, die ihre Studenten, ja oft selbst die Assistenten, wie Schuljungen behandeln." Das Fazit des Bischofs war hart: „Man möchte fast sagen, wenn es hier nicht zu einer Rebellion kommt, wäre es traurig um die deutsche Jugend bestellt."

Völlig anderer Meinung war der Theologie-Professor D. Dr. Helmut Thielicke, ein wortgewaltiger Prediger und Wortführer des konservativen Protestantismus. Kurz nach Wölbers Vortrag erklärte er in einem Kolleg: „Was mich im Augenblick verzweifeln lässt, sind nicht die Drahtzieher vom SDS (Sozialistischer Deutscher Studentenbund, d. Verf.), sondern das ist die Masse der Studenten, die nur in Spurenelementen gegen die neue Oligarchie der Funktionäre aufmuckt; gegen jene Funktionäre also, deren Hauptberuf wohl schon längst vom regulären Studium zu jener Geräuscherzeugung übergewechselt ist, die sie Hochschulpolitik nennen. Liebe Kommilitonen: Ich bin so deprimiert, dass ich jetzt etwas sage, was ich hoffentlich bald wieder zurücknehmen kann. Zunächst aber spreche ich meine Verzweiflung aus: Ich glaube, dass diesem unserem Volke nicht mehr zu helfen ist, und kann nur noch sagen: Armes Deutschland! ... Die Funktionäre reden von Bewusstseinsbildung und Erwecken politischer Mündigkeit. Aber es kommt nur zu Indoktrination und Emotion, zu einer schauerlichen Bewusstseinstrübung, die ich an einer deutschen Universität nie für möglich gehalten hätte." Ein tiefer Graben trennte Wölbers und Thielickes Positionen.

Einmarsch der Magnifizenzen am 9. November 1967. (Conti-Press/Staatsarchiv Hamburg)

Der Spantax-Irrflug: Landung auf Finkenwerder

Geplant hatte die spanische Charterfluggesellschaft Spantax für den 31. Mai 1967 eine Demonstration der Pünktlichkeit und Zuverlässigkeit, und ihr Präsident Flugkapitän Rodolfo Bay höchstpersönlich wollte diesen Beweis antreten. Also flog er selbst einen vierstrahligen Jet Convair „Coronado" mit 128 braungebrannten Mallorca-Urlaubern und insgesamt neun Besatzungsmitgliedern an Bord nach Hamburg. Auf dem Flughafen Fuhlsbüttel war die Landeerlaubnis erteilt, die Maschine wurde um 13.49 Uhr erwartet. Auch Journalisten waren erschienen, denn die Spantax war ins Gerede gekommen und wollte nun Vorwürfe ausräumen. Doch der riesige Jet ließ auf sich warten – fünf Minuten, zehn, fünfzehn Minuten. In der Flugleitung rechnete man bereits mit dem Schlimmsten.

Die Nervosität wich von einer Minute zur anderen einem ungläubigen Staunen, als ein Telefonanruf im Tower mitteilte: „Die Coronado ist soeben auf Finkenwerder gelandet!" Flugkapitän Rodolfo Bay hatte am hellichten Tage die Piste der Hamburger Flugzeugbau GmbH mit der in Fuhlsbüttel verwechselt und die Maschine ohne Funkkontakt mit der Flugsicherung sicher auf der Landebahn aufgesetzt. Das war ein fliegerisches Bravourstück, denn die „Coronado" benötigte normalerweise zum Landen eine Bahnlänge von 1.650 Metern. In Finkenwerder standen aber nur 1.360 Meter zu Verfügung. Die Urlauber verließen den Jet ganz normal, wenngleich leicht verwundert. Die zweite Glanzleistung vollbrachte der Flugkapitän um 16.06 Uhr, als die Maschine schon nach rund 800 Metern von der viel zu kurzen Piste in Finkenwerder abhob und vier Minuten später sicher in Fuhlsbüttel landete. Vor den immer noch wartenden Journalisten bekannte Bay auf Englisch: „Sorry, es war mein Fehler. Ich habe die Flugplätze verwechselt. Ich bin bisher noch niemals in Hamburg gewesen." Man bewunderte sein fliegerisches Können. Aber ein Werbeflug für seine Gesellschaft war das Ganze nicht – im Gegenteil.

„Mädchenwohnheime" auf St. Pauli – Großbordelle gegen den Straßenstrich

Ein „Mädchenwohnheim" wurde 1967 zur Eindämmung der Straßenprostitution auf St. Pauli direkt an der Reeperbahn errichtet. Bauherr Willi Bartels investierte in Absprache mit dem Senat 4,5 Millionen DM in das „Eros-Center" mit 140 Zimmern für den kontrollierten Bordellbetrieb. Ein Jahr später kam das „Palais d'Amour" hinzu. Der Bau dieser Großbordelle mit ihrer nüchternen, geschäftsmäßigen Atmosphäre im glasüberdachten Kontakthof und einem eigenen „Sicherheitsdienst" zum Schutz der Prostituierten vor gewalttätigen Freiern hatte einen kommunalpolitischen Hintergrund: Die Sperrgebietsverordnung des Senats vom 22. August 1961 (siehe Seite 16) hatte das Vergnügungsviertel St. Pauli weitgehend ausgenommen. Vorstöße mit dem Ziel, das Sperrgebiet auf St. Pauli auszudehnen, hatte die Bezirksversammlung Hamburg-Mitte zwar 1964 abgelehnt, zugleich aber Maßnahmen gegen das offene „Dirnenunwesen" verlangt. Daraufhin beschloss der Senat im April 1964 den Bau der beiden „Mädchenwohnheime" mit insgesamt 300 Zimmern auf St. Pauli. Auf dieser Grundlage wurde 1970 in einer er-

*Der Kontakthof des „Eros-Centers".
(Ullstein-Lehmann)*

*Prostituiertenzimmer im „Palais d'amour": Von der Wand grüßt Karl Marx.
(Keystone)*

weiteren Verordnung über das „Verbot der Gewerbsunzucht" die Straßenprostitution auf St. Pauli untersagt. Ausgenommen waren die Herbertstraße und zwei genau festgelegte Zonen rings um den Hans-Albers-Platz und den St. Pauli-Fischmarkt in der Zeit von 20 bis 6 Uhr. Doch auch die Groß-Bordelle waren keine Dauerlösung. Das Eros-Center zum Beispiel wurde 1988 außer Betrieb genommen und statt dessen als Unterkunft für Asylbewerber genutzt. Das Ambiente war zu steril für das Geschäft mit der käuflichen Liebe.

Mehr als 20 Banküberfälle: die „Bank-Lady" aus Altona

Zweieinhalb Jahre hindurch hatte die Polizei sie gejagt, die ehemalige Verkäuferin und Aushilfskassiererin Gisela W. aus Altona. Mit mehr als 20 Banküberfällen in ganz Norddeutschland war sie als „Bank-Lady" berühmt-berüchtigt geworden. Am 15. Dezember 1967, nach einem Überfall auf die Kreissparkasse in Bad Segeberg, kam das Ende dieser kriminellen Karriere: Eine Polizeistreife stellte und überwältigte die Bankräuberin und ihren Komplizen, einen 39-jährigen Taxifahrer aus Eidelstedt, auf der Bundesstraße 404. Beide waren auf der Flucht, nachdem sie in Bad Segeberg 99.800 Mark geraubt und vier Angestellte der Sparkasse, die sie verfolgten, mit einer Salve aus einer Maschinenpistole niedergestreckt hatten. Eine Frau erlitt dabei lebensgefährliche Verletzungen. Die Ermittlungen ergaben, dass Gisela W. (sie war zum Zeitpunkt ihrer Festnahme 33 Jahre alt) der „Chef" einer vierköpfigen Bande war. Insgesamt belief sich die Beute aller Überfälle auf rund 400.000 Mark. In der Wohnung von Gisela W. fand die Polizei umfangreiches Belastungsmaterial: Eine Maschinenpistole mit vollem Magazin, einen Colt, einen erheblichen Bestand an Munition, dazu Perücken, Gummimasken und zahlreiche gefälschte Autokennzeichen. Bis zur Festnahme war die Polizei davon ausgegangen, dass die Bankräuberin ihren ersten Überfall 1965 begangen hatte. Nun stellte sich heraus, dass sie ihre „Laufbahn" schon 1963 in Garlstorf in der Lüneburger Heide begonnen hatte. Gisela W. wurde am 6. Februar 1969 vom Landgericht Kiel wegen schweren Raubes sowie wegen Beihilfe zum vollendeten und zum versuchten schweren Raub zu neun Jahren und sechs Monaten Zuchthaus verurteilt.

Endlich gefasst: Der Bombenleger „Roy Clark"

Millionen Bundesbürger hatten seine Stimme, den slawisch wirkenden Dialekt mit dem rollenden „R", im Rahmen der Öffentlichkeitsfahndung im Rundfunk und Fernsehen gehört. Doch als der gefährliche Bombenleger und Erpresser „Roy Clark", der 40-jährige Speditionsfahrer Alexander H. aus Altenbruch bei Cuxhaven, am 21. Dezember 1967 endlich gefasst wurde, stellte sich heraus: Es war alles nur Verstellung. Er sprach wie ein typischer Norddeutscher, der er auch war: in Celle geboren, in Lüneburg aufgewachsen. Seine Festnahme gelang, nachdem er von der Bundesbahn 700.000 Mark gefordert hatte. Er hatte verlangt, dass ein Motorradfahrer das Geld überbringen sollte, und zwar nach genauen Fahrtanweisungen, deren erste er in Himmelpforten versteckt hatte. Einem Kriminalobermeister der Stader Kriminalpolizei fiel am Ortsschild von Lamstedt ein Mann auf, der sich an einen Baum lehnte. Es war Alexander H. Er wurde observiert und auf seiner Arbeitsstelle in Cuxhaven verhaftet. Im Verhör durch die Kripo Stade gab er ohne Zögern zu: „Ja, ich bin Roy Clark."

In einem Holzschuppen neben seinem Haus in Altenbruch fanden die Fahnder seine „Werkstatt" mit halbfertigen Sprengkörpern, einem Kilogramm Trinitrotoluol, Taschenlampenbatterien und Zündschnüren. Die nächste Bombenexplosion hatte der hoch verschuldete Vater einer siebenköpfigen Familie für Weihnachten 1967 geplant. Am 20. Dezember 1968 wurde Alexander H. vom Hamburger Schwurgericht wegen versuchten Mordes in drei Fällen, Transportgefährdung und Herbeiführung von Sprengstoffexplosionen, alles in Tateinheit mit fortgesetzter schwerer Erpressung der Bundesbahn, zu 15 Jahren Zuchthaus und zehn Jahren Ehrverlust verurteilt. Eine direkte Tötungsabsicht hatte ihm nicht nachgewiesen werden können.

Ernst Deutsch – Erfolg am Jungen Theater

Ein Bühnen-Triumph für Ernst Deutsch (1890–1969) wurde am 19. Januar 1967 im Jungen Theater an der Mundsburg die Premiere des dramatischen Gedichts „Nathan der Weise" von Lessing. Deutsch in der Titelrolle wurde vom Publikum stürmisch gefeiert. Der aus Prag stammende Charakterdarsteller hatte 1916 in der Hauptrolle von Walter Hasenclevers „Der Sohn" seinen Durchbruch als Schauspieler. Bei Max Reinhardt, der ihn nach Berlin holte, hatte er klassische und moderne Rollen gespielt und war auch auf der Leinwand hervorgetreten (u.a. in „Der Golem", 1920). 1933 war Ernst Deutsch in die Vereinigten Staaten emigriert. 1947 kehrte er nach Europa zurück und gehörte zum Ensemble des Wiener Burgtheaters. Das von dem Schauspieler Friedrich Schütter gegründete „Junge Theater" hatte 1964 ein neues Haus mit 721 Plätzen an der Mundsburg bezogen. Seit dem 22. März 1973 heißt es Ernst-Deutsch-Theater.

Ernst Deutsch in der Rolle als „Nathan der Weise". (Ullstein-du Vinage)

Placido Domingo – erster Auftritt in Hamburg

Die Opernexperten wussten es, und das Publikum spürte es: Am 8. Januar 1967 begann eine Weltkarriere, als der junge spanische Tenor Placido Domingo in der Hamburgischen Staatsoper als Cavaradossi in Puccinis Oper „Tosca" gastierte. Es wurde ein triumphaler Erfolg. Intendant Rolf Liebermann hätte diesen Jahrhundert-Tenor, der 1941 in Madrid geboren wurde, gern langfristig an das Haus in der Dammtorstraße gebunden. Der Sänger mochte sich darauf nicht gern einlassen und zog statt dessen Einzelengagements vor, doch er kehrte immer wieder zu umjubelten Auftritten nach Hamburg zurück, als Lohengrin, als Rodolfo in Puccinis „Boheme", im Lauf der Jahre in allen großen Rollen seines Faches. Hamburgs Opernenthusiasten schlossen ihn in ihr Herz.

Placido Domingo als „Lohengrin". (Ullstein-du Vinage)

In Dienst gestellt: eine neue „Hanseatic"

Für rund 75 Millionen DM kaufte die Deutsche Atlantik Linie am 22. März 1967 das 25.320 BRT große israelische Passagierschiff „Shalom" als Nachfolgerin der ausgebrannten und abgewrackten „Hanseatic". Das für 1.100 Passagiere ausgelegte Schiff war am 10. November 1962 im französischen St. Nazaire vom Stapel gelaufen und wurde im Liniendienst zwischen Haifa und New York eingesetzt. Am 11. November 1967 lief die neue „Hanseatic" im Hamburger Hafen ein. Parallel zum Kauf der „Shalom" gab die Deutsche Atlantik Linie bei der Deutschen Werft das Turbinenschiff „Hamburg" (25.022 BRT) in Auftrag.

Die „Hanseatic II", ex Shalom. (Ullstein-C. T. Fotostudio)

Zeitzeuge: Björn-Hergen Schimpf
Der Soldat

Der Journalist und Fernseh-Moderator Björn-Hergen Schimpf (Jahrgang 1943) ist in Blankenese aufgewachsen. Nach der Schulzeit ging er zur Bundeswehr und traf dort unter anderem 1967 den Musiker Achim Reichel, dessen Ausbilder er wurde.

Björn-Hergen Schimpf erinnert sich an seine Schulzeit in Hamburg und an Begegnungen bei der Bundeswehr:

Ich bin in Blankenese aufgewachsen – mit Blick auf die S-Bahn. Mein Vater war Diplom-Brauerei-Ingenieur, saß damals im Vorstand der Holsten-Gruppe.

Die Schule Dockenhuden/Frahmstraße und ich, wir wurden nie richtig Freunde, so dass ich Ende der 10. Klasse mehr oder weniger freiwillig meinen Abschied nahm und auf ein Wirtschaftsgymnasium wechselte, wo ich mehr oder weniger versauerte.

1962 verließ ich auch diese Anstalt und ging zur Bundeswehr. 1964 heiratete ich meine Jugendliebe Angelica, und ein Vierteljahr später kam Hergen jun. zur Welt.

Das Geld war knapp, vom Bundeswehrsold allein konnte man keine Familie ernähren. Also ging es an den freien Wochenenden in den Hafen. Regelmäßig freitags suchte die Gesamthafen-Betriebsgesellschaft über den Norddeutschen Rundfunk Arbeitskräfte.

Sonnabends fünf Uhr stand ich mit Hunderten von Gleichgesinnten in der Admiralitätsstraße und wartete auf einen Job. In der Regel war es die „Schietgang", auf die ich hoffte. Dort konnte man das meiste Geld verdienen, es war jedoch auch die unangenehmste Arbeit. Jeweils sechs bis acht Männer einer Schicht krochen in die etwa einen Meter zwanzig niedrige Bilge im untersten Teil des Schiffes und saugten dort mit einen Schlauch das Altöl ab. Nackt bis auf die Unterhosen, mit Gummistiefeln an den Füßen und Grubenlampe auf der Stirn krochen wir gebückt durch die stinkende Brühe – der Name „Schietgang" kommt nicht von ungefähr. In einer Acht-Stunden-Schicht hatte ich jedoch unsere familiäre Finanzlage deutlich aufgebessert, denn inklusive Schmutzzulage gab es knapp 100 DM pro Einsatz. Allerdings war ich montags nicht mehr in der Lage, Deutschland zu verteidigen, so kaputt war ich nach zwei Schichten!

Mit Zusatzarbeit und Baby zuhause blieb wenig Zeit zum Ausgehen. Wenn doch, machten Angelica und ich die Jazzszene am Hafen unsicher. Dort spielten die „Jazzlips" mit Gottfried Böttger oder Abi Hübner und seine „Lowdown Wizzards" in den River-Kasematten oder im Barett. Abi Hübner, im Hauptberuf Polizeiarzt, sagte man nach, er werde „nach jeder Leiche musikalisch besser". Wir hörten Banjo-Meyer oder aber „die schnellste Hand nördlich von Harburg", das war ein gewisser Jürgen Drews, ein Junge aus Kiel, der in der Hamburger Szene mitmischte.

Bereits in der Schule hatten uns die Jazzgrößen der fünfziger Jahre begeistert, damals ging der Blick jedoch eher nach England, zu Lonnie Donegan und zu Chris Barber, der Hamburg längst zur „Freien und Barberstadt" gemacht hatte. Die von ihnen kreierte Skiffle-Musik wollten wir nachspielen, mein musikalischer Part in der Schulband war die Bedienung des Waschbretts.

Bei der Bundeswehr in der Hanseaten-Kaserne in Wandsbek wurde ich nach einiger Zeit Stabs-Unteroffizier und damit Ausbilder von Wehrpflichtigen. Als einer dieser Wehrpflichtigen tauchte 1967 der Musiker Achim Reichel nach der Grundausbildung in meinem Zug auf. Er war der Schwarm aller jungen Mädchen, und wir Männer konnten uns einer gewissen Hochachtung nicht enthalten. Schließlich hatte Reichel mit seinen Rattles als Vorgruppe der Rolling Stones und der Beatles gespielt. Allerdings war mir nicht klar, was der Musiker bei der Bundeswehr leis-

ten konnte. Doch Achim Reichel biss sich durch und wollte keine Sonderbehandlung.

Für die sorgte allerdings der Presseoffizier. Er kam jeden Tag wie zufällig bei uns Ausbildern vorbei und erkundigte sich nach dem Befinden unseres neuen Schützlings. Es dauerte einige Zeit, bis wir erkannten, was dahinter steckte. Der Presseoffizier bediente die Medien täglich mit Neuigkeiten über den Star der Truppe, die dann in der Presse von „Bravo" bis „BILD" zu lesen waren.

Die Musik spielte natürlich auch beim Bund eine Rolle. In einer Spezialausbildung auf dem damaligen Standort-Übungsplatz Höltigbaum hatten wir die Soldaten in kompletter Ausrüstung kilometerweit durch das Gelände gejagt. Es war warm, und die Männer waren am Ende ihrer Kräfte. Auf einer Lichtung machten wir Halt. Dort war das Ende der Übung vorgesehen. Zur Überraschung der ausgepumpten Gelände-Marschierer hatten wir Mettbrötchen und Bier organisiert und feierten den Schluss der Quälerei. Natürlich hatten wir auch an eine Gitarre für Achim Reichel gedacht. Er aß, trank, spielte und sang und wurde dabei immer langsamer und immer leiser, ohne jedoch aus dem Rhythmus zu kommen: Achim Reichel war beim Gitarrespielen aus Erschöpfung eingeschlafen...

1969 verließ ich die Bundeswehr und begann ein Volontariat bei der BILD-Zeitung. Ein Jahr später traf ich Achim Reichel wieder: Ich war in die Hamburger Musikhalle geschickt worden, wo ein Künstler „A. R. & The Machines" auftrat: ein junger Mann mit langen Haaren spielte meditative Musik vor sich hin – Achim Reichel auf der Suche nach neuen musikalischen Wegen. Ich war damals wohl der einzige Pressevertreter, der diesen Auftritt gut fand. Inzwischen ist der Sound von damals Kult, und Reichel und ich sind Freunde.

1968

Zeittafel

1.2. Deutschsprachige Premiere des Musicals „Anatevka" im Operettenhaus.

21.2. Stapellauf des Passagierschiffs „Hamburg" (25.022 BRT) auf der Deutschen Werft.

11.3. Dietrich Rollmann löst Erik Blumenfeld als CDU-Landesvorsitzender ab.

12.4. Vor dem Verlagshaus Axel Springer versuchen Demonstranten, die Auslieferung von Zeitungen zu verhindern.

April. Die „St. Pauli-Nachrichten" erscheinen erstmals.

11.5. Der Fernsehturm („Telemichel") wird eingeweiht.

23.5. Der HSV verliert das Endspiel um den Europa-Pokal der Pokalsieger gegen den AC Mailand mit 0:2.

31.5. Mit der Löschung des Vollcontainerschiffs „American Lancer" beginnt im Hamburger Hafen das Container-Zeitalter.

14.6. Der Regisseur Jürgen Fehling stirbt in der Hansestadt.

19.6. Baubeginn für den zweiten Elbtunnel.

9.8. In der Großen Freiheit auf St. Pauli startet das Veranstaltungszentrum „Grünspan".

Der Fernsehturm im Bau. (Christians Verlag)

28.9. Der Gastronom Eugen Block eröffnet in der Dorotheenstraße sein erstes „Block House"-Restaurant.

31.10. Im früheren Klöpperhaus an der Mönckebergstraße öffnet das Kaufhaus Horten seine Pforten.

1.11. In Eidelstedt weiht der Schwimmclub „Poseidon" das neue Poseidon-Bad ein.

16.11. Als Nachfolger von Egon Monk wird Hans Lietzau zum Intendanten des Deutschen Schauspielhauses berufen.

19.11. Der Hamburger Senat und die Kieler Landesregierung unterzeichnen den Vertrag über den Bau des Großflughafens Kaltenkirchen.

9. 12. Konzertskandal um das Oratorium „Das Floß der Medusa" von Hans Werner Henze.

1968 Bau des „Spiegel"-Verlagsgebäudes.

1968 In Altona gründet Uwe Deeken das Theater für Kinder, das vor allem die Bühnenbearbeitungen beliebter Kinderbücher aufführt.

Osterunruhen – Blockade gegen Springer-Zeitungen

Die bundesweiten Osterunruhen des Jahres 1968 waren eine der Zäsuren der deutschen Nachkriegsgeschichte. Ausgelöst wurden sie am 11. April 1968 durch das Attentat auf den Studentenführer Rudi Dutschke (1940–1979) in Berlin, das sich wie ein Funke im Pulvermagazin auswirkte: Dutschke, Wortführer des Sozialistischen Deutschen Studentenbundes (SDS), war der unbestritten führende Ideologe und Agitator der außerparlamentarischen Opposition, die sich im Streit um die Notstandsgesetze, die Hochschulreform, auch die Pressekonzentration, von den Parteien des Bundestages nicht mehr vertreten sah und gegen das, so der APO-Slogan, „repressive System" der Bundesrepublik aufbegehrte.

In Hamburg versammelten sich am Tag nach dem Anschlag auf Dutschke, dem Karfreitag, gegen 19 Uhr

Ein Auslieferungswagen des Springer-Verlags. Die Frontscheibe ist mit Zeitungspacken gegen Steinwürfe geschützt. (Ullstein-Timm)

rund 2.000 Demonstranten, zumeist Studenten, zu einer Protestkundgebung auf der Moorweide. Hauptredner waren der Zweite Vorsitzende des Allgemeinen Studenten-Ausschusses (AStA) an der Hamburger Universität, Jens Litten, und der SDS-Funktionär Karl-Heinz Roth. Litten stellte die Frage, wie die studentische Opposition auf den Gewaltakt gegen Dutschke reagieren solle. Gegenterror sei nicht der geeignete Weg. Statt dessen müsse man eine neue, alle mitreißende Form der Demonstration entwickeln: „Unser bisheriger Protest gegen die autoritärfaschistischen Tendenzen konnte diese nur bloßlegen. Jetzt müssen wir jedoch den offenen Kampf gegen sie beginnen." Roth schlug in dieselbe Kerbe, als er ausrief: „Wir müssen aus dem Zuschauerdasein herauskommen. Die Revolutionäre müssen erst einmal revolutioniert werden!" Nach diesen Parolen zogen die Demonstranten zum Verlagshaus Axel Springer, dem sie wegen einer „hemmungslosen Hetzkampagne gegen die APO" eine Mitverantwortung an dem Anschlag auf Dutschke anlasteten. Gegen 20 Uhr erreichte der Zug das durch Sperrgitter der Polizei abgeriegelte Verlagshaus. Die Demonstranten verteilten sich auf die umliegenden Straßen und ließen sich dort nieder. Um 21 Uhr waren alle Straßen in der unmittelbaren Nähe durch Demonstranten blockiert, die entschlossen waren, die abendliche Auslieferung der Zeitungen des Verlages zu verhindern. Um 22.40 Uhr flogen die ersten Steine, als die Polizei an der Ecke Caffamachereihe und Valentinkamp mit einem Was-

Demonstrationen gegen Springer: Studenten haben mit umgekippten Fahrzeugen und Müllcontainern eine Straßenbarrikade errichtet. (Ullstein-Alert)

Polizeikette gegen die Demonstranten vom SDS. (Ullstein-Timm (L))

serwerfer den ersten Durchbruchsversuch unternahm. Die Demonstranten beantworteten das mit einem Steinhagel und errichteten Barrikaden. Der Versuch, den Auslieferungsfahrzeugen den Weg zu bahnen, misslang zunächst und wurde eine halbe Stunde später, erneut mit dem Einsatz des Wasserwerfers, wiederholt. Nun gingen Hundertschaften der Polizei mit Gummiknüppeln und Tränengas gegen die Demonstranten vor, die in Sprechchören „Mörder, Mörder!" riefen. Fünf Minuten später konnte ein Konvoi von Verlagswagen passieren. Die Ausschreitungen zogen sich bis in die Nacht hin. Zahlreiche in der Kaiser-Wilhelm-Straße geparkte Wagen wurden schwer beschädigt. Bundesweit beteiligten sich rund 400.000 Menschen an zumeist gewalttätigen Demonstrationen gegen das Verlagshaus Axel Springer.

In der Hansestadt hatten die Krawalle ein politisches Nachspiel. Bürgermeister Professor Herbert Weichmann (SPD) gab vor der Bürgerschaft eine Regierungserklärung ab, in der er keinen Zweifel an der Haltung des Senats ließ: „Die Sicherung der Rechtsstaatlichkeit umfasst die Pflicht zur Sicherung der Pressefreiheit, und sie umschließt für jedes Druckerzeugnis das in Artikel 5 des Grundgesetzes verbriefte Recht der Meinungsäußerung im Rahmen der allgemeinen oder speziellen Gesetze wie das Recht des Lesers, die Zeitung, die Schrift zu lesen, die er lesen will. In jedem Fall ist der Staat verpflichtet, die Meinungsfreiheit und die Meinungsübermittlung gegen gewaltsame Eingriffe zu schützen." Die staatliche

Ordnungsgewalt habe keine Ermessensfreiheit, darüber zu urteilen, „ob ihr diese oder jene Tendenz nicht passt, sie hat das Gesetz zu wahren, nichts als das Gesetz. Wir sind gehalten und entschlossen, es zu tun".

Spezielle Adressaten dieser Mahnung waren die zahlreichen APO-Sympathisanten in der Hamburger SPD, die offene Kritik am Einsatz der Polizei zugunsten von „Springer-Blättern" übten. Solche innerparteilichen Strömungen waren bis in den Senat hinein zu spüren. Der Bürgermeister bekundete in seiner Regierungserklärung Verständnis für „revolutionäre Ungeduld, unser gesellschaftliches Leben umzugestalten", doch sei das nur schrittweise und auf dem Wege der Evolution, nicht aber der Revolution möglich. Zugleich rief der Regierungschef zur Besinnung auf „in Richtung auf einen an sich zu respektierenden Idealismus, aber auch in Richtung auf jene Biedermänner, die zur Aktion aufrufen und dann mit dem, was geschehen ist, nichts zu schaffen haben wollen, und schließlich in Richtung auf jene Dunkelmänner ganz rechts und links, die darauf hoffen, dass sie von Konflikten innerhalb unserer offenen Gesellschaft profitieren können, um unseren freiheitlichen Staat zu beseitigen." In der Regierungspartei, der Hamburger SPD, hatten diese klaren Worte ein durchaus unterschiedliches Echo.

„American Lancer" – das erste Containerschiff im Hamburger Hafen

Das Container-Zeitalter, eine der größten technologischen Revolutionen im Seeverkehr, begann für Hamburg am 31. Mai 1968. An diesem Tag machte das erste große Vollcontainerschiff, die 213,55 Meter lange „American Lancer" der Reederei United States Lines, am Burchardkai fest. Das Schiff konnte 1.178 Container befördern. In der Hafenwirtschaft führte die neue Technik zu einem Produktivitätssprung: Nun konnten pro Hafenarbeiter und Arbeitsstunde bis zu 40 Mal so viele Güter umgeschlagen werden wie bei der bisherigen Stückgutverladung. Jedoch stieß dieses neue Transportmittel in der Hafenwirtschaft der Hansestadt zunächst durchaus auf Skepsis. Der Chef des staatlichen Umschlagunternehmens Hamburger Hafen- und Lagerhaus AG (HHLA), der frühere Wirtschaftssenator Ernst Plate (FDP), hatte sogar die Parole ausgegeben: „Diese Kiste kommt mir nicht in meinen Hafen!" Und der damalige Wirtschaftssenator Helmuth Kern (SPD) musste im Senat und vor allem bei Bürgermeister Professor Herbert Weichmann (SPD) durchaus Überzeugungsarbeit leisten, als es darum ging, ob Hamburg 35 Millionen DM in den Ausbau des Burchardkais zum Container-Terminal investieren solle, obwohl es zu diesem Zeitpunkt noch keine Gewähr dafür gab, dass Containerschiffe auch tatsächlich den Hamburger Hafen anlaufen würden. Der Bürgermeister stimmte schließlich zu, und die 35 Millionen DM wurden bereitgestellt. Die bremischen Häfen waren damals übrigens, was den Containerverkehr anlangt, dem Hafen Hamburg um gut eineinhalb Jahre voraus – eine Folge der über Bremen laufenden amerikanischen Militärtransporte, für die schon frühzeitig Container eingesetzt wurden.

Ein Jahrhundert-Bauwerk: der neue Elbtunnel

Das bis dahin größte Bauprojekt Norddeutschlands begann am 19. Juni 1968. An diesem Tag setzten Bundesverkehrsminister Georg Leber und Bürgermeister Professor Herbert Weichmann (beide SPD) eine Ramme für die Bauarbeiten am Zweiten Elbtunnel im Zug der Bundesautobahn Westliche Umgehung Hamburg in Betrieb. Der Bund und Hamburg teilten sich die mit 380 Millionen DM veranschlagten Baukosten im Verhältnis 60 zu 40. Die Tunneltrasse sollte eine Gesamtlänge von 3.200 Metern haben. Die eigentliche Tunnelstrecke unter der Elbe war mit 2.650 Metern projektiert. Der Bundesverkehrsminister bezeichnete das technisch sehr anspruchsvolle Vorhaben als eine „Kategorie des Ungewöhnlichen". Dies sei der Auftakt für „eines der wichtigsten Kapitel in der Baugeschichte der Hansestadt". Auch der Bürgermeister hob diesen Gesichtspunkt hervor: „Damit ist eine Baumaßnahme auf hamburgischem Staatsgebiet begonnen worden, die in ihrer Bedeutung dem Bau der Hamburger Elbbrücken im vorigen Jahrhundert gleichkommt."

Schildvortrieb im Elbhang. (Landesmedienzentrum Hamburg)

Die Elbtunnelbaustelle in Övelgönne. (Ullstein)

Umzug nach 16 Jahren: das neue Spiegel-Verlagshaus

Das Jahr 1968 war für das Nachrichtenmagazin „Der Spiegel" eine Zäsur: Die Redaktion, die Dokumentation und der Verlag erhielten mit dem Spiegel-Haus an der Brandstwiete 19 ein neues Domizil. Bauherr war der Immobilienunternehmer Robert Vogel. Das Magazin war (und ist) also Mieter. Sechzehn Jahre hindurch, seit Anfang Oktober 1952, war das Pressehaus am Speersort 1 Sitz der Redaktion und der Dokumentation, während der Verlag sich in benachbarten Bürogebäuden eingemietet hatte. Herausgeber Rudolf Augstein und sein Verlagsdirektor Hans Detlev Becker hatten zunächst erwogen, selbst zu bauen. Nach sorgfältiger Prüfung entschieden sie schließlich, darauf zu verzichten und statt dessen verstärkt in das Magazin zu investieren.

Das neue Spiegel-Verlagshaus entsteht an der Brandstwiete. (Ullstein-Alert)

Bausenator Caesar Meister (links) stellt das Modell des Großflughafens Kaltenkirchen in der „Aktuellen Schaubude" vor. (NDR)

Großflughafen Kaltenkirchen – Vertragsunterzeichnung mit viel Optimismus

Grandiose Perspektiven eröffneten sich für den gesamten Norden der alten Bundesrepublik, als der schleswig-holsteinische Wirtschaftsminister Knud Knudsen (CDU) und Hamburgs Wirtschaftssenator Helmuth Kern (SPD) am 19. November 1968 in Lentförden vor den Toren der Hansestadt den Staatsvertrag über den Bau des Großflughafens Kaltenkirchen unterzeichneten. Damit wurde eine politische Vereinbarung besiegelt, die der damalige Bürgermeister Dr. Paul Nevermann (SPD) und der Kieler Ministerpräsident Kai Uwe von Hassel (CDU) Anfang 1962 getroffen hatten. Die Vertragsunterzeichnung nach sechsjährigen Verhandlungen nahmen Kern und Knudsen zum Anlass für überaus optimistische Erklärungen. Knudsen: „Mit dem heutigen Tage treiben wir eine Entwicklung voran, die dem norddeutschen Wirtschaftsraum kräftige Impulse geben wird. Diese Drehscheibe des Luftverkehrs wird optimale Voraussetzungen bieten. Die Ortschaften werden möglichst geschont, die Durchbrechung der Schallmauer durch die Überschall-Jets geschieht weit entfernt über dem Meer."

Kern: „Dieser große Flughafen wird eine stark integrierende Wirkung auf die norddeutsche Wirtschaftsregion mit ihrer Metropole Hamburg ausüben." Die beiden Bundesländer Hamburg und Schleswig-Holstein, so Kern weiter, hätten „ein Musterbeispiel überregionaler Zusammenarbeit demonstriert". Es kam alles ganz anders. Nach langwierigen und erbitterten gerichtlichen Auseinandersetzungen mit Grundstückseigentümern und Gemeinden scheiterte das Projekt Anfang 1983 (Siehe auch Seite 30).

Musical „Anatevka" – Dauerbrenner im Operettenhaus

Der beleibte Milchmann Tevje aus dem Musical „Anatevka" mit dem Lied „Wenn ich einmal reich wär" – für den israelischen Sänger und Schauspieler Shmuel Rodensky war das eine Paraderolle. Am 1. Februar 1968 hatte das Erfolgsstück nach der Erzählung „Tevje der Milchmann" von Scholem Aleichem im Operettenhaus seine deutschsprachige Premiere. Das Original mit dem Titel „Fiddler on the roof" lief damals schon seit Jahren als Kassenschlager am New Yorker Broadway. Auch in der Hansestadt wurde es mit 272 Aufführungen ein Publikumsmagnet.

Das Musical „Anatevka" im Operettenhaus mit Shmuel Rodensky in der Rolle des Milchmanns Tevje. (Oben: Ullstein-du Vinage, unten: Ullstein-Conti-Press (L))

Erstes „Block-House" – Beginn einer Erfolgsstory

Mit 15.000 DM Eigenkapital startete der 28-jährige Hotelkaufmann Eugen Theodor Block am 28. September 1968 eine Karriere in der Gastronomie, die ihn weit bringen sollte: In der Dorotheenstraße in Winterhude eröffnete er sein erstes „Block-House", ein Steak-Restaurant, das zur Keimzelle der im In- und Ausland tätigen Block-House-Kette wurde. Betrieben wird sie von der Blockhouse Restaurantbetriebe AG, einem Familienunternehmen. 1985 erweiterte Eugen Block gemeinsam mit Ehefrau Christa, einer gelernten Groß- und Außenhandelskauffrau, seine unternehmerischen Aktivitäten durch das Hotel Elysee an der Rothenbaumchaussee und den Einstieg in das Luftfahrtgeschäft.

Typisch für die Block-House-Restaurants: die rustikale Einrichtung. (Privatarchiv)

Zeitzeuge: Eugen Block
Der Gastronom

Der Gastronom Eugen Block begann seine Karriere in Hamburg mit der Eröffnung seines ersten Steakrestaurants. Aus dem Block House in Winterhude ist heute die Block Gruppe mit weltweit 39 Restaurants geworden. Eugen Block hat sein Hamburger Hotel Elysée zum Grand Hotel erweitert.

Er erinnert sich an die Gründerzeit:

Mein erstes Block House habe ich 1968 in der Dorotheenstraße in Hamburg-Winterhude eröffnet. Ich hatte zuvor die Hotelfachschule besucht und bereits meinen Mitschülern meine Ideen mitgeteilt:

Eröffnung des Block-House-Restaurants in Wandsbek mit Max Schmeling. (Privatarchiv)

Ich wollte mich selbständig machen. Daraus wurde zunächst jedoch noch nichts, denn ich wollte und musste noch Erfahrungen sammeln. Ich begann im Studio Hamburg als Assistent im Einkauf.

Während dieser Zeit entwickelte ich meine Gedanken an die Selbständigkeit weiter. Schließlich war ich jung und ehrgeizig, wollte die Welt erobern. Grundstock dafür, das wusste ich, war ein eigenes Restaurant.

Um nicht gleich zu Beginn aufs falsche Pferd zu setzen, sondierte ich zunächst die Restaurant-Szene in Hamburg. Es gab einige Gaststätten mit der für uns typischen deutschen Küche, die sich vor allem durch ein großes Angebot und viele Saucen auszeichnete. Es wurde zuviel gewollt, das überforderte oft die Köche und ging dann zu Lasten der Qualität – ganz zu schweigen vom Preis.

Das typische Restaurant-Publikum der sechziger Jahre waren immer noch die „feinen Leute", die mit dem bisschen mehr im Geldbeutel. Der „normale" Hamburger ging allenfalls zu Familienfesten essen. Völlig untypisch war es bis dahin, sich abends mit Freunden zum Essen im Restaurant zu treffen, das war einfach zu teuer. Hier wollte ich etwas ändern. Ich stellte mir ein Restaurant vor, in das alle kommen, vom Künstler bis zur Verkäuferin, vom Politiker bis zum Polizisten. Dazu mussten sowohl die Einrichtung als auch die Preise stimmen. Ich wollte weg von weißen Tischdecken und teurem Essen. Nur in Frankfurt soll es ein Steakhaus anderer Prägung gegeben haben, ansonsten hatte Deutschland so etwas noch nicht gesehen. Da ich es rustikal wollte, passte alles zusammen: Steaks an Holztischen, rustikale Einrichtung, ein Gastraum, in dem sich jeder wohlfühlte.

Das war relativ schnell umzusetzen, obwohl ich erst einige Zeit nach dem geeigneten Standort suchen musste. Eigentlich wollte ich zum Eppendorfer Baum, dort fand sich jedoch nicht der geeignete Raum. Dann wurde mir eine Kneipe in der Dorotheenstraße angeboten, und ich schlug zu. Wir bauten komplett nach unseren Bedürfnissen um. Viel schwieriger als der Bau war die Suche nach Arbeitskräften. Bei einer Arbeitslosenquote von 0,3 Prozent war es geradezu unmöglich, qualifiziertes Personal zu finden. Die Köche und Servicekräfte waren im Sommer an der Ostsee, dort verdienten sie als Saisonkräfte mehr als im Binnenland. Schließlich gelang es mir doch, einen Koch zu finden. Im Service war Kreativität gefragt. Ich suchte Frauen, besonders junge Mütter, die abends arbeiten konnten, wenn der Ehemann die Kinderbetreuung übernahm. Wir bildeten sie zu qualifizierten Service-Kräften aus und erhielten auf diese Weise erstklassiges Personal, das zu uns passte. Gelegentlich musste ich jedoch geduldig sein, denn es kam schon mal vor, dass der Ehemann Überstunden machen musste und deshalb unsere Kellnerin erst zwei Stunden später kommen konnte – einer musste sich ja um das Kind kümmern.

Wir eröffneten am 28. September. In diesem ersten Block House arbeiteten damals außer mir fünf Beschäftigte.

Wir hatten dank einer guten Mund-zu-Mund-Propaganda schnell ein volles Haus, und bereits nach einem halben Jahr die Umsätze verdoppelt. Dahinter steckte jedoch auch harte Arbeit. Ich war täglich von morgens bis abends im Haus und kümmerte mich um alles – bis an den Rand der Erschöpfung. Aber schließlich waren es doch „mein" Haus und meine Existenz, die auf dem Spiel standen.

Ich habe in den ersten Jahren Lehrgeld zahlen müssen. Wir hatten mit dem Steakhaus Neuland betreten. Das merkten wir vor allem bei der Fleischbeschaffung. Kaum eine Fleischerei war in der Lage, Steaks nach unseren Bedürfnissen zu schneiden. Auch für unsere Köche war das schwierig. Wir wollten Fleisch, das zart vom Grill kommt. Da uns das teilweise nicht gelang und es Beschwerden gab, mussten wir oft auf Kalbfleisch umsteigen. Das war zwar zart, aber deutlich zu teuer. Die Konsequenz aus vielen schmerzhaften Erfahrungen dieser Art war die Gründung einer eigenen Fleischerei, die ab Anfang der siebziger Jahre unsere inzwischen drei Restaurants in Hamburg belieferte: mit Steaks in gleicher Größe und identischer Qualität. So ist dies bis heute.

Das erste Block House in der Dorotheenstraße war nicht nur für mich, sondern auch für viele Hamburger eine neue Erfahrung. Und das größte Lob nach wochenlanger Schufterei waren zufriedene Gäste. Ich erinnere mich noch besonders gern an Hans-Joachim Kuhlenkampff, der als einer der ersten Gäste in der Dorotheenstraße sich nach dem Essen von mir verabschiedete. Er sah mich mit einem verschmitzten Lächeln an und sagte: „Dies war das beste Essen seit meiner Kriegsgefangenschaft!"

Skandal:
Handgreiflichkeiten beim Konzert

Was sich am Abend des 9. Dezember 1968 in der Halle B des Ausstellungsparks Planten un Blomen abspielte, geriet zu einem der größten Konzertskandale in der hamburgischen Musikgeschichte. Angesetzt war die Uraufführung des von Hans Werner Henze komponierten Oratoriums „Das Floß der Medusa". Es war eine Veranstaltung des Norddeutschen Rundfunks, der sie direkt übertragen wollte. Sie endete in Tumulten, die zum Einsatz der Polizei führten.

Der Komponist hatte eine Gruppe von Jugendlichen eingeladen, die mit seiner Zustimmung am Dirigentenpult eine rote Fahne befestigten und ein Transparent mit der auf Henze bezogenen Aufschrift „Revolutionär" entrollten. Daraufhin weigerten sich das Orchester und der Chor, mit dem Konzert zu beginnen. Die Folge waren lautstarke Auseinandersetzungen und Handgreiflichkeiten zwischen Demonstranten und Konzertbesuchern. Der stellvertretende NDR-Intendant Ludwig Freiherr von Hammerstein-Equord versuchte, die aufgebrachten Gemüter zu beruhigen, entfernte die Fahne und das Transparent und forderte alle Anwesenden auf, ihre Plätze wieder einzunehmen, damit die Uraufführung beginnen könne. Das Gegenteil geschah. Der Tumult steigerte sich noch, so dass der Veranstalter NDR die Polizei zu Hilfe rief. Bereitschaftspolizisten führten die Demonstranten, unter ihnen auch den Textdichter des Oratoriums, Ernst Schnabel, aus dem Saal. Henze warf der Polizei daraufhin vor, sie verhindere durch ihr Einschreiten eine von den Jugendlichen geforderte Diskussion. Das wies der stellvertretende NDR-Intendant mit der Feststellung zurück: „Die Polizei verhindert gar nichts." Nun verlangten aber zahlreiche Konzertbesucher von dem Komponisten, er solle sich einer Diskussion stellen und seine Haltung erläutern. Auch dazu kam es nicht. Henze ließ erklären, er sei angesichts der Vorgänge um diese Uraufführung „zutiefst deprimiert", und verließ die Halle durch einen Hinterausgang. Der NDR brach die Übertragung ab und sendete eine Aufnahme der Generalprobe.

Erfolgreich auf der Sex-Welle: die „St. Pauli-Nachrichten"

Auf der Welle der sexuellen Freizügigkeit, die in der zweiten Hälfte der 60er Jahre einsetzte, startete der Antiquitätenhändler Helmut Rosenberg im April 1968 die „St.Pauli-Nachrichten" – ein zunächst vierseitiges Boulevardblatt vom Kiez mit einer klar definierten Zielgruppe – den Touristen, die auf St. Pauli „etwas erleben" wollten. Die Erstauflage betrug 10.000 Exemplare. Die Sex-Gazette entwickelte sich rasant: 1970 wurden wöchentlich bereits über eine Million Exemplare mit zwölf Seiten Umfang verkauft. Zu den Mitarbeitern des Blattes gehörten der spätere „Spiegel"-Chefredakteur Stefan Aust und der Publizist Henryk M. Broder.

1969

Zeittafel

5.2. Im Philosophenturm der Universität kommt es zu gewalttätigen Auseinandersetzungen zwischen demonstrierenden Studenten und der Polizei.

17.3. Das Wahlalter für die Bürgerschaft wird von 21 auf 18 Jahre gesenkt.

1.4. Endgültige Abschaffung der körperlichen Züchtigung an den hamburgischen Schulen.

April. Hamburg bekommt eine Sonderanstalt für Sexualstraftäter in Bergedorf. Es ist bundesweit die erste Einrichtung dieser Art.

16.5. Fusion der Firmen Hamburger Flugzeugbau und Messerschmitt-Bölkow.

28.5. Der US-Aluminiumkonzern Reynolds und der Senat vereinbaren den Bau eines Werkes in der Hansestadt.

30.5. Das Fährschiff „Prins Hamlet" läuft zum ersten Mal aus Hamburg nach Harwich aus.

„Prins Hamlet" – die erste direkte Fährverbindung nach England. (Ullstein-du Vinage)

2.7. Bürgermeister Professor Herbert Weichmann (SPD) legt in der Bürgerschaft ein Entwicklungskonzept für Hamburg und das Umland bis zum Jahr 2000 vor.

21.7. Hunderttausende verfolgen in Hamburg die Mondlandung im Fernsehen.

1.8. Boy Gobert übernimmt die Intendanz des Thalia Theaters.

9.8. Die Polizei gibt die ersten drei Rauschgifttoten in Hamburg bekannt.

12.8. Zugunglück bei Meckelfeld: Ein Eilzug fährt auf den haltenden Fernschnellzug „Gambrinus" auf. Vier Tote und 33 Verletzte.

24.9. Schulstreik auf St. Pauli: Die Eltern von vier Schulen verlangen, dass der Schulweg ihrer Kinder von Prostituierten freigehalten wird.

28.9. Bundestagswahl: Im Bund bleibt die CDU/CSU mit 46,1 Prozent stärkste Kraft. In Hamburg kommt die SPD auf 54,6 Prozent der Zweitstimmen, die CDU auf 34,0 Prozent und die FDP auf 6,3 Prozent.

6.10. Die Schulbehörde schlägt wegen steigender Schülerzahlen Alarm: Es herrscht akuter Lehrermangel. Allein an den Gymnasien sind 84 Lehrerstellen unbesetzt.

Blick voraus ins Jahr 2000: Entwicklungskonzept für Hamburg

Um das Hamburg der Zukunft ging es am 2. Juli 1969 in der Bürgerschaft. Im Rahmen einer Senatskundgebung, also einer Regierungserklärung, trug Bürgermeister Professor Herbert Weichmann (SPD) dem Landesparlament einen Entwicklungsplan für die Hansestadt und ihr Umland vor, der über das Jahr 2000 hinausreichen sollte. Die Bevölkerungszahl sollte danach um 300.000 auf 2,1 Millionen Einwohner zunehmen. Dieses Konzept sollte den Aufbauplan des Senats vom Dezember 1960 ersetzen, der von künftig 2,2 Millionen Einwohnern ausgegangen war. Es handele sich, so der Regierungschef, um ein „völlig neuartiges Planungsinstrument, nicht um eine Fortschreibung der Gegenwart im Wege der Trendberechnung; es richtet vielmehr den Blick weit in eine Zukunft, die durch Willensentscheidungen gestaltet werden kann und ihr also nach dem Stand heute verfügbarer Erkenntnisse und Planungsziele modellmäßig die Türen öffnet und Wege weist". Ergänzend seien mittel- und langfristige Investitionspläne vorgesehen. Das Entwicklungsmodell sei für das hamburgische Staatsgebiet „Ausdruck des politischen Gestaltungswillens des Senats und für die Region die Grundlage unserer Vorstellungen für Verhandlungen mit den Nachbarländern." Das Konzept sollte Antworten auf die zahlreichen Fragen geben, die durch die gestiegenen Ansprüche an den Staat, durch die höhere Lebenserwartung, die Verkürzung der Arbeitszeit und den damit verbundenen Gewinn an Freizeit, durch das gestiegene Bildungsbedürfnis und die steigende Motorisierung aufgeworfen wurden.

Grundsätzlich hielt die von Weichmann vorgetragene Planung an den in die Nachbarländer hineinragenden Aufbauachsen fest, die zum Beispiel in Niedersachsen bis nach Stade, Tostedt und Lüneburg reichen sollten. Priorität für den Süderelberaum hatten die Hafenerweiterung bis nach Cranz und die Ansiedlung von Industrie mit Hafenbezug. Ein Elbtunnel, der die City mit dem Freihafen verbindet, große Wohngebiete am Rande der Harburger Berge, auf den verkehrsgünstig gelegenen Flächen entlang der S-Bahn nach Bergedorf Industrie, Gewerbe, Wohnungsbau, eine zweite Universität – es war tatsächlich ein Blick weit in die Zukunft, den der Bürgermeister den Abgeordneten eröffnete.

Das Entwicklungsmodell enthielt einen kompletten Generalverkehrsplan mit Regionalbahnen, deren Fahrzeit bis in die City höchstens 45 Minuten betragen sollte, und mit einem innerstädtischen Schnellbahnnetz, das dem Grundsatz „Fünf Minuten Fußweg bis zur nächsten Station" genügen sollte, um mehr Autofahrer zum „Umsteigen" auf öffentliche Verkehrsmittel zu bewegen. Jedoch war auch ein Stadtautobahnnetz geplant, dazu innere und äußere Ringschnellstraßen. Den Bevölkerungszuwachs sollten vor allem Großsiedlungen aufnehmen: In Buchenkamp (8.000 Einwohner), Bergstedt (12.000), Ohlstedt (3.000), in Bergedorf und den Vier- und Marschlanden (51.000), in Harburg-Süd (19.000) und Neugraben-Fischbek (41.000). In Ottensen und Harburg sollten Geschäftszentren nach dem Vorbild der City Nord entstehen.

Es kam alles anders. Schon im April 1971 korrigierte der gemeinsame Landesplanungsrat der Hansestadt und der beiden Nachbarländer die Bevölkerungsprognose: Nicht mehr 2,1 Millionen, sondern bis 1985 maximal 1,85 Millionen Einwohner seien zu erwarten. Auch diese Zahl wurde nicht erreicht. Statt dessen nahm die Abwanderung in das Umland zu. 1,7 Millionen erwiesen sich als in etwa konstante Einwohnerzahl der Hansestadt. Die zweite einschneidende Änderung: Drastisch weniger Industrieflächen im Süderelberaum, um die Industrieansiedlung in den Nachbarländern (Stade, Brunsbüttel, Geesthacht) nicht zu erschweren. Die Stadtautobahnen blieben Papierprojekte, die Ringstraßen blieben Stückwerk wie die Großsiedlungen, das dichte Netz von Schnellbahnstationen wurde nur in der City verwirklicht.

Zeitzeuge: Helmuth Kern
Der CCH-Initiator

Gegen Ende der sechziger Jahre wurden in der Stadt zukunftsweisende Bauprojekte auf den Weg gebracht. So begannen zum Beispiel die Planungen für ein Kongresszentrum in Hamburg.

Der damalige Wirtschaftssenator Helmuth Kern setzte den Bau gegen anfänglichen Widerstand durch. Das CCH wurde 1972 eingeweiht.

Helmuth Kern erinnert sich:

Gute Ideen entstehen meistens in entspannter Runde und im gemeinsamen Gespräch. So saßen nach einer Bürgerschaftssitzung im Jahr 1969 der SPD-Fraktionsvorsitzende Oswald Paulig, der Bausenator Caesar Meister und ich zusammen, und ich fabulierte, wie wohl in Hamburg ein attraktives Kongresszentrum aussehen könnte, das den großen schon bestehenden Zentren in München oder Frankfurt wirksam Konkurrenz machen könnte. Es müsste im Zentrum der Stadt und trotzdem im Grünen sein, angebunden an Nah- und Fernverkehr, verbunden mit einem Hotel, sollte innen natürlich mit modernster Technik ausgestattet sein und außen möglichst noch eine romantische Ritterschlossfassade haben. Und einen Platz hatte ich für alles auch schon gefunden: Am Dammtorbahnhof auf dem Gelände von Planten und Blomen.

Helmuth Kern in der Baugrube. (Ullstein-Conti-Press (L))

Meister und Paulig waren begeistert. Aber Herbert Weichmann hatte als Finanzsenator sich immer gegen ein Kongresszentrum ausgesprochen und gemeint, die Ernst-Merck-Halle müsse genügen. Um den nun zum Bürgermeister aufgestiegenen Knauserer zu überzeugen, veranlasste Caesar Meister den Chef der „Neuen Heimat", Albert Vietor, der Stadt ein solches Kongresszentrum im Leasing-Verfahren, also praktisch auf Ratenzahlung, anzubieten. Zu unserer Freude war nun auch der Bürgermeister begeistert, als wir von dem Angebot der „Neuen Heimat" berichteten, das natürlich keine Ritterschlossfassade enthielt und 115 Millionen DM kosten sollte. Finanzsenator Gerd Brandes jedoch reagierte ganz anders als erwartet: „Was? Leasing? Das bezahlen wir bar auf den Tisch!"

Hamburg bekam sein CCH zu einem Schnäppchenpreis, das drei Jahre später in Berlin gebaute und doppelt so große ICC hat gut achtmal soviel gekostet.

Die Bürgerschaftsvorlage zum CCH-Bau war das einzige meiner Großprojekte, das nicht die Zustimmung der Opposition erhielt: Die CDU stimmte dagegen.

Ich erklärte damals, ich freute mich schon auf den Tag, an dem der erste Bundesparteitag der CDU im neuen CCH stattfinden würde. Zwei Jahre später war es soweit.

Studentenproteste:
Kampf mit der Polizei im Philosophenturm

Nicht Vorlesungen und Seminare, sondern Demonstrationen und Besetzungen beherrschen Anfang 1969 den Universitätsbetrieb. Zu einer schlimmen Zuspitzung kam es am 5. Februar: Nach einem Umzug von 3.000 Schülern und Studenten durch die Innenstadt, der nicht genehmigt war und dennoch stattfinden konnte, entwickelten sich auf dem Campus schwere Zusammenstöße zwischen Studenten und der Polizei. Im Mittelpunkt der Krawalle stand der Philosophenturm. Nach ihrer Rückkehr aus der City wollten die Demonstranten im Audimax diskutieren, standen jedoch vor verschlossenen Türen. Daraufhin zogen sie zum Philosophenturm, um dort zu diskutieren und in das seit zwei Tagen von Polizeibeamten in Zivil gesicherte Psychologische Institut im zweiten Stock einzudringen. Die Beamten fühlten sich bedroht und forderten Verstärkung an. Als uniformierte Polizei anrückte und mit Einsatz von Löschwasserschläuchen und Schlagstöcken gegen die aufgebrachten Studenten vorging, wurde das Gebäude zum Schlachtfeld, besonders im Foyer, das die Polizei räumen wollte. Schließlich zogen sich die Ordnungshüter jedoch zurück, und das Audimax wurde gegen 21 Uhr zur Diskussion freigegeben. Um Mitternacht herrschte endlich Ruhe. In der Nacht kehrten Polizeibeamte zum Philosophenturm zurück und durchsuchten ihn. Das Gebäude war leer und wurde daraufhin von 100 Beamten besetzt. Es wurde bis auf weiteres geschlossen.

Teurer Fehlschlag:
das Reynolds-Aluminiumwerk

Mit großen Hoffnungen schloss der Senat der Hansestadt am 28. Mai 1969 mit dem US-Konzern Reynolds einen Vertrag über ein Ansiedlungsprojekt, das Hamburgs Industriepotential nachhaltig stärken sollte. Es ging um den Bau eines Aluminiumwerkes im Hafenerweiterungsgebiet, das ab 1972 den Betrieb aufnehmen und 1200 Menschen Arbeitsplätze bieten sollte. Das gesamte Investitionsvolumen lag bei rund 500 Millionen DM. Die Stadt übernahm zehn Prozent der Anteile. Bürgermeister Professor Herbert Weichmann und Wirtschaftssenator Helmuth Kern (beide SPD) sahen in diesem Projekt eine „Strukturverbesserung, wie wir sie in Hamburg notwendig brauchen", so der Senatschef. Entsprechend waren die Vorleistungen der Stadt: 91 Millionen Mark zur Erschließung des noch nicht baureifen Geländes im Hafen, 40 Millionen DM Investitionshilfen, 16 Millionen DM für die Beteiligung, und schließlich Ausfallbürgschaften bis zu 450 Millionen DM. Der Strompreis für diese energieintensive Produktion wurde hoch subventioniert. „Onkel Kerns Hütte", wie das Ansiedlungsprojekt im Volksmund genannt wurde, erwies sich als teurer Fehlschlag. Das Aluminiumwerk arbeitete unrentabel. Ein Jahr nach Produktionsbeginn 1973 betrug der Verlust bereits 34 Millionen DM. 1975 musste der Senat zur Rettung der Arbeitsplätze das hochverschuldete Unternehmen durch eine Auffanggesellschaft, die Hamburger Aluminiumwerk GmbH, übernehmen. Der Betrieb wurde in die Hütte und das Walzwerk geteilt, das Reynolds übernahm.

Februar 1969:
Hamburg versinkt im Schnee

Hamburg am 17. Februar 1969: Eine Metropole versank im Schnee. Statistiker errechneten für die fast 750 Quadratkilometer Staatsgebiet eine Schneemenge von 280 Millionen Kubikmetern. Die weiße Pracht hatte sich an vielen Stellen zu Schneeverwehungen aufgetürmt. Auf den Hauptverkehrsstraßen ging zeitweise nichts mehr, in den Seitenstraßen auch nicht. Laternenparker mussten ihre Fahrzeuge mühselig freischaufeln, die Müllabfuhr war kaum noch möglich. Viele Schulkinder kamen nur unter großen Schwierigkeiten oder überhaupt nicht zum Unterricht. Im Schnellbahnnetz der Hansestadt erwies sich die S-Bahn als „schneeanfällig", die U-Bahn fast gar nicht.

Der erste Mensch auf dem Mond –
„Public Viewing" in Hamburg

Einen historischen Augenblick erlebten die Menschen auch in Hamburg, wie nahezu überall in der Welt, an den Bildschirmen mit – die Direktübertragung der Mondlandung am 21. Juli 1969. Um 3.56 Uhr mitteleuropäischer Zeit, betrat der amerikanische Astronaut Neil Armstrong als erster Mensch den Mond. Es war die wohl eindrucksvollste Sendung seit Bestehen des Fernsehens. An vielen Stellen in der Stadt, in den

Zuschauer verfolgen vor einem Fernsehgerät in der „Neuen Sparcasse" die erste Mondlandung .(Ullstein-Conti-Press (L))

Schalterhallen von Geldinstituten, sogar auf den Hafenfähren, konnte man verfolgen, wie Armstrong mit dem linken Fuß voran den Mond „eroberte". Die zentrale Betriebsleitstelle der Hamburger Hochbahn informierte die Frühaufsteher in Bahnhöfen, Zügen, Straßenbahnen und Bussen, dass die Mondfähre sicher aufgesetzt hatte. Natürlich waren die Zeitungen voll von diesem Jahrhundert-Ereignis, und sogar über ein „Mondbaby" konnten sie berichten: Genau um 3.56 Uhr hatte in dieser Nacht im Kreißsaal der Frauenklinik Finkenau ein gesunder Junge das Licht der Welt erblickt: Christian Carstens, 2.680 Gramm schwer, 49 Zentimeter, blaue Augen, Haare blond.

„Harte" Drogen werden zum Problem: die ersten Todesfälle

Der Konsum „harter" Drogen wie Heroin und Opium entwickelte sich 1969 in der Hansestadt zu einem bedrückenden Problem. Am 9. August wurden die ersten drei Todesfälle bekannt: Ein 23-jähriger Arbeiter wurde leblos in der Wohnung seiner Mutter aufgefunden. Neben der Leiche lagen eine Injektionsspritze und eine leere Tablettenpackung. Ein 20-jähriger Bäcker starb, als er unter Drogeneinfluss mit seinem Auto einen Frontalzusammenstoß verursachte. Ein 21-jähriger Betonfacharbeiter wurde nach Drogenkonsum bewusstlos in seiner Wohnung aufgefunden und starb nach der Einlieferung ins Krankenhaus. Das war der Anfang einer alarmierenden Entwicklung: 1978 wurden in Hamburg bereits 18 Drogentote registriert, und 1980 doppelt so viele – 36 junge Menschen, die ihre Rauschgiftsucht mit dem Leben bezahlen mussten. Die Zahl der Süchtigen und der Opfer stieg weiter, auch als Folge einer gesellschaftlichen Entwicklung, die Jugendliche zu angeblich „harmloseren" Drogen greifen ließ, weil sie gegen konventionelle, als bürgerlich verschriene Lebensformen aufbegehrten. Es gab einen klaren Kausalzusammenhang zwischen der damaligen Jugendrebellion und dem Rauschgiftkonsum.

Boy Gobert – der neue Thalia-Intendant

Mit einem ehrgeizigen Ziel übernahm der Schauspieler und Regisseur Boy Christian Gobert (1925–1986) am 1. August 1969 als Nachfolger von Kurt Raeck die Intendanz des Thalia Theaters: Das Haus sollte zu einem „zweiten Schauspielhaus werden". In seiner ersten Spielzeit allerdings war davon noch nicht viel zu spüren: Er brachte nur Komödien auf die Bühne. Doch das änderte sich: Zeitstücke, zum Beispiel „Der Liebhaber" und „Alte Zeiten" von Harold Pinter und klassische Inszenierungen, zum Beispiel Schillers „Maria Stuart", gaben dem Thalia Theater weit über die Hansestadt hinaus künstlerisches Profil. Goberts „Maria-Stuart"-Inszenierung wurde 1975 bei einer Gastspielreise in die Sowjetunion zu einem außergewöhnlichen Publikumserfolg. 1980 wechselte Gobert als Generalintendant nach Westberlin.

Der neue Thalia-Intendant Boy Gobert (hinten rechts) mit Mitgliedern seines Ensembles. (Ullstein-du Vinage)

Das Ende des NDR-Kinderchors: Chorleiter wegen Unzucht verurteilt

Am 28. Oktober 1969 besiegelte die Jugendschutzkammer des Hamburger Landgerichts das Ende einer Künstlerkarriere: Der 56-jährige Komponist und Chorleiter Erich Bender, der mit dem Kinderchor des Norddeutschen Rundfunks viele Jahre hindurch im In- und Ausland ungemein erfolgreich gewesen war, wurde wegen Unzucht mit Abhängigen zu dreieinhalb Jahren Gefängnis verurteilt. Außerdem wurde gegen ihn ein fünfjähriges Berufsverbot verhängt. Bender hatte sich fast eineinhalb Jahrzehnte hindurch an den minderjährigen Mädchen seines Chores vergangen. Der NDR sah keine Möglichkeit mehr, den beliebten Kinderchor weiterzuführen, und löste ihn auf.

Erich Bender. (Ullstein-Conti-Press (L))

1970

Zeittafel

1.1. Aus den Gemeinden Glashütte, Garstedt, Harksheide und Friedrichsgabe entsteht die Stadt Norderstedt.

12.2. Der langjährige Generalmusikdirektor der Staatsoper, Leopold Ludwig, steht zum letzten Mal in diesem Haus am Dirigentenpult. Er leitete mehr als 1000 Aufführungen.

19.2. Die 1948 gegründete Akademie für Gemeinwirtschaft, eine Hochschule des zweiten Bildungsweges, erhält den Status einer Körperschaft des öffentlichen Rechts und heißt nun Hochschule für Wirtschaft und Politik.

1.3. Der Theologe Dr. Peter Fischer-Appelt wird erster Präsident der Universität Hamburg.

5.3. Grundsteinlegung für das CCH.

12.3. Eröffnung des Einkaufszentrums Hamburger Straße.

22.3. Bei der Bürgerschaftswahl behauptet die SPD mit 55,3 Prozent die absolute Mehrheit, muss aber Stimmenverluste hinnehmen.

1.4. Vier Ingenieurschulen und sechs Höhere Fachschulen werden zur Fachhochschule Hamburg zusammengeführt.

2.4. Der Übersee-Club bezieht sein neues Domizil im Amsinck-Haus am Neuen Jungfernstieg.

Das CCH am Dammtorbahnhof entsteht. (Ullstein-Kiesel)

Abschied nach der letzten Vorstellung des Musicals „Hair" im Theater am Besenbinderhof. (Ullstein-C. T. Fotostudio)

16.4. Im Theater am Besenbinderhof wird das Musical „Hair" nach der 212. Aufführung vom Spielplan abgesetzt.

22.4. Bürgermeister Professor Herbert Weichmann (SPD) bildet einen sozialliberalen Koalitionssenat.

1.7. Als Folge der neuen Hafenordnung verliert die staatliche Hamburger Hafen- und Lagerhaus AG (HHLA) ihren bisherigen hoheitlichen Status und muss sich künftig wie ein Privatunternehmen am Markt bewähren.

15.7. Ein Großfeuer im Hafen vernichtet den Schuppen 81. Der Sachschaden beträgt 20 Millionen DM.

Uwe Seeler wird nach seinem letzten Länderspiel geehrt. (Ullstein-dpa)

1.9. Aus den Reedereien Hapag (Hamburg) und Norddeutscher Lloyd (Bremen) entsteht das Schifffahrtsunternehmen Hapag-Lloyd AG.

9.9. Uwe Seeler absolviert in Nürnberg sein 72. und letztes Länderspiel gegen Ungarn. Deutschland gewinnt mit 3:1 Toren.

1.10. Am Lehmweg eröffnet die Musikkneipe „Onkel Pö's Carnegie Hall".

29.10. Eröffnung des Programmkinos „Abaton".

2.11. Der erste Jumbo-Jet der Lufthansa nimmt den täglichen Liniendienst Hamburg–New York auf.

6.11. Eröffnung des Alstertal-Einkaufszentrums (AEZ).

11.12. Rücktritt des Schauspielhaus-Intendanten Hans Lietzau.

11.12. Die Bundesregierung, Hamburg und Schleswig-Holstein unterzeichnen den Vertrag über den Bau des Großflughafens Kaltenkirchen. Er soll 1976 den Betrieb aufnehmen.

Bürgerschaftswahl:
Sozialliberale Koalition trotz absoluter Mehrheit der SPD

Die Spitzengenossen der Hamburger SPD empfanden das Ergebnis der Bürgerschaftswahl vom 22. März 1970 als „Denkzettel", und das war sicherlich auch zutreffend. Die traditionelle Regierungspartei SPD hatte mit 55,3 Prozent der Stimmen ihr Traumergebnis von 1966, die damals sensationellen 59,0 Prozent, nicht halten können, obwohl ihr Spitzenkandidat, Bürgermeister Herbert Weichmann, die Bilanz einer insgesamt sehr erfolgreichen Regierungsarbeit vorweisen konnte. Hamburg hatte im Hinblick auf das Sozialprodukt und das Einkommen pro Kopf der Bevölkerung eine Spitzenstellung unter den Bundesländern erreicht. Es galt jedoch in der SPD-Führung als sicher, dass Unzufriedenheit mit den Ergebnissen der sozialdemokratischen Bildungspolitik der Hauptgrund für den Stimmenrückgang war. Mit nun 70 statt vorher 74 Sitzen hatte die SPD indessen immer noch eine komfortable Mehrheit, um allein regieren zu können. Herbert Weichmann bildete am 22. April 1970 auch zur Stärkung der sozialliberalen Koalition im Bund einen Senat unter Einschluss der FDP, die sich mit 7,1 Prozent leicht verbesserte und einen Sitz hinzugewonnen hatte. Schulsenator Peter Schulz (SPD) wurde Zweiter Bürgermeister. Die CDU war mit 32,8 Prozent und 41 statt bisher 38 Mandaten ebenfalls gestärkt aus dieser Wahl hervorgegangen, doch sie hatte keine Aussicht, aus ihrer Oppositionsrolle herauszukommen.

Zeitzeuge: Achim-Helge von Beust
Der Bezirksamtsleiter

Achim-Helge Freiherr von Beust war von 1954 bis 1980 Bezirksamtsleiter in Wandsbek. Das CDU-Mitglied führte den Bezirk insgesamt 22 Jahre unter einer SPD-Regierung im Hamburger Rathaus.

Er hat im Jahrzehnt zwischen 1960 und 1970 das Bild Wandsbeks entscheidend bestimmt, unter anderem durch verschiedene Großprojekte.

Achim-Helge von Beust erinnert sich:

1954 wurde ich Bezirksamtsleiter in Wandsbek. Vorausgegangen war eine Bürgerschaftswahl, in der Ende 1953 der bürgerlich-konservative Hamburg-Block aus CDU, FDP, Deutscher Partei und Gesamtdeutschem Block/Bund der Heimatvertriebenen stärkste politische Kraft wurde und damit den SPD-Senat ablöste. Ich war früh Mitglied der CDU geworden. Es hätte damals aber genauso gut die SPD sein können, der ich beigetreten wäre. Zur CDU brachten mich zwei Freunde: Conrad Ahlers, Mitbegründer der Hamburger Jungen Union und späterer Pressesprecher der Regierung Brandt, und Hartwig von Moulliard, der spätere Chefredakteur der Tagesschau des NDR. Beide sagten, ich solle doch bei ihnen mitmachen. Hätte ich Helmut Schmidt damals schon gekannt, wäre ich wahrscheinlich in der SPD gelandet.

Nach dem Wahlsieg des Hamburg-Blocks fragte die CDU an, ob ich als Jurist, damals im Dienst des Verfassungsschutzes, nicht Lust hätte, das Bezirksamt Wandsbek zu leiten. Ich hatte, und so wurde ich 1955 in mein Amt eingeführt – für maximal vier Jahre, wie einige Sozialdemokraten damals voraussagten. Sie sollten sich irren, ich blieb 26 Jahre im Amt.

Zwar reichte es für den Hamburg-Block mit Bürgermeister Kurt Sieveking tatsächlich nur für vier Jahre Regierungszeit. Bereits 1957 gewann die SPD wieder die absolute Mehrheit. Neuer Erster Mann im Rathaus wurde, wie bereits in den Jahren 46 bis 53, Max Brauer. Die SPD begann damals, alle Posten mit ihren eigenen Leuten neu zu besetzen. Bis ins letzte Polizeikommissariat wurden nach und nach die Führungspositionen mit SPD-nahen Leuten besetzt. Ich blieb übrig – als einziger Bezirksamtsleiter mit CDU-Parteibuch.

Ab 1961 hatte ich es mit Bürgermeister Paul Nevermann zu tun. Der neue Mann der SPD konnte seinen Senat auf 57,4 Prozent stützen. Kurz nach dieser Bürgerschaftswahl erreichte mich ein Anruf des damaligen Bundestagsabgeordneten Helmut Schmidt aus Bergedorf. Nevermann hatte angefragt, ab Schmidt nicht Innensenator in der Hansestadt werden wollte. Schmidt brauchte Rat und stand drei Tage später bei mir im Büro. In einem 90 Minuten langen Gespräch versuchte ich, ihm klarzumachen, dass er als Senator unbezahlbare Erfahrungen machen könne, die ihm später als möglicher Minister oder gar Kanzler in Bonn nützen würden, schließlich habe er als Senator deutlich mehr Verantwortung zu tragen. Schmidt war noch unentschieden, wollte eigentlich in Bonn bleiben. Er bedankte sich für meinen Rat und ging. Zwei Tage später erreichte mich erneut ein Anruf von Helmut Schmidt. Er erklärte, er werde Nevermanns Ruf nach Hamburg folgen und Senator werden. Seine erste große Bewährungsprobe als Innensenator kam einige Monate später. Im Februar 1962 war Schmidt als Katastrophenmanager während der Sturmflut gefordert.

Die sechziger Jahre waren für mich keine Zeit für parteipolitisches Geplänkel, denn die Probleme im Bezirk waren zu groß. Wohnungen waren immer noch knapp, deshalb hieß es „bauen, bauen, bauen". Meine Aufgabe dabei war es, Planungen zu beschleunigen und Härtefälle zu verhindern. So hatten zum Beispiel viele Hauseigentümer nach dem Krieg ihr Dachgeschoss schwarz ausgebaut und vermietet. Als die Häuser dann abgerissen und neu gebaut werden sollten, mussten die Mieter raus. Das waren aber oft ältere Menschen, die nach dem Krieg dort ein neues Zuhause gefunden hatten. Mehrfach musste ich mich in solchen Fällen über einen Räumungsbeschluss hinwegsetzen.

Wandsbek hat sich gerade in den sechziger Jahren deutlich verändert. Ende des Jahrzehnts begann ECE, die Immobilienfirma von Versandhauskönig Werner Otto, sich nach Grundstücken für Einkaufszentren umzusehen. Auch in Wandsbek meinten sie, fündig geworden zu sein. An der Lübecker Straße, Ecke Stein-Hardenberg-Straße hatten die Planer ein Grundstück entdeckt. Mit ihren Bauplänen landeten sie schließlich in meinem Büro. Dort war schnell klar, dass das Einkaufszentrum dort nichts werden würde. Das Grundstück war bereits anderen Interessenten versprochen. Auch eine Intervention Ottos beim Ersten Bürgermeister Weichmann brachte nichts. Weichmann stellte klar, dass er nicht gegen Bezirksinteressen entscheiden werde.

Ich machte Werner Otto einen neuen Vorschlag: An der Endhaltestelle der S-Bahn in Poppenbüttel stand ein riesiges Areal zur Verfügung.

Otto schaute sich das Gelände an und winkte zunächst ab. Dort stünden rundherum ja nur Einzelhäuser, dies sei viel zu wenig Kundschaft. Außerdem befürchtete er, dass die S-Bahn weiter stadtauswärts gebaut würde und die jetzige Endhaltestelle Poppenbüttel den Charakter eines Umsteigepunktes verlöre.

Ich konnte den Versandhaus-König beruhigen. Ich zeigte ihm unsere Pläne für das Hinterland von Poppenbüttel. Im Bereich Tegelsbarg, dort, wo jetzt noch ein Barackenlager stand, sollten in den nächsten Jahren Tausende von neuen Mietwohnungen entstehen. Und in Sachen S-Bahn konnte ich ihn beruhigen: Der Senat würde in den kommenden Jahren kaum Geld für einen Streckenausbau haben.

Otto war überzeugt. Der Bau des Einkaufszentrums ging dann sehr schnell. Am 6. November 1968 wurde das Alster-Einkaufszentrum eingeweiht. Es

Bürgermeister Herbert Weichmann weiht das Alster-Einkaufszentrum ein. (Ullstein-Kiesel)

war der zweite Konsumtempel dieser Art. Bereits im März des selben Jahres hatte das EKZ in der Hamburger Straße eröffnet.

Unkonventionelles Handeln war damals in meinem Amt gefordert, denn vieles ging in Hamburg zu langsam. In Tondorf hatte der Film- und Fernsehproduzent Gyula Trebitsch gemeinsam mit Walter Koppel 1947 die Real Film GmbH gegründet. In den ersten zwanzig Jahren wuchs diese Firma dank der wachsenden Medienbranche mehr und mehr, ab 1960 nannte sie sich Studio Hamburg Atelierbetriebsgesellschaft. Zwei Jahre später mietete sich das ZDF mit seinem Hamburg-Studio in Tondorf ein. Gyula Trebitschs Firma litt ständig an Platzmangel und wollte sich deshalb ausbreiten. Die Genehmigung zum Bauen lies allerdings auf sich warten. Trebitsch drohte, mit dem gesamten Studio Hamburg nach Berlin zu gehen, die Angebote von dort waren verlockend. Dies wollte ich unbedingt verhindern. Ich verwies Trebitsch auf die jährlich stattfindende Rundfahrt für Parlamentarier durch ihren Bezirk. Diesmal stand Studio Hamburg auf dem Programm. Die Abgeordneten wurden durch die Ateliers geführt und bewirtet, anschließend stand noch eine Rundfahrt auf dem Programm. Die führte ausgerechnet an einer riesigen Baugrube auf dem Gelände vorbei. Hier werde ja schon gebaut, es würden Fakten geschaffen, die der Bauausschuss noch nicht genehmigt habe, erregten sich die Abgeordneten. Ich versuchte, die Wogen zu glätten. Dies sei keinesfalls so, hier würde doch nur ein Film gedreht und für diesen seien solch gigantische Baumaßnahmen nötig.

Einige Wochen später beschloss der Bauausschuss Wandsbek die Erweiterung von Studio Hamburg, der Ausflug hatte nachhaltig Wirkung gezeigt und Einsichten gefördert. Gyula Trebitsch und sein Studio Hamburg blieben Wandsbek erhalten.

Kommunalpolitik war gerade in den Sechzigern ein sehr arbeitsintensives Feld. Ich habe mich in viele Dinge erst einarbeiten müssen, habe mein Amt aber mit sehr viel Begeisterung und Engagement wahrgenommen. Für die Familie blieb da wenig Zeit. Um die schulischen Belange unserer drei Söhne musste sich meine Frau kümmern. Ende der 50er Jahre waren wir in den Duvenstedter Brook gezogen. Die Jungs mussten zur Schule gebracht werden, dafür schafften wir uns einen Zweitwagen an. Öffentlichen Nahverkehr gab es in dieser Region noch nicht. Auch das Einkaufen besorgte meine Frau mit dem Auto, denn das nächste Geschäft war drei Kilometer entfernt.

Neue Hafenordnung: HHLA verliert ihren hoheitlichen Status

Als am 1. Juli 1970 die Anfang des Jahres vom Senat beschlossene neue Hafenordnung in Kraft trat, war das angesichts der zum Teil radikalen Strukturveränderungen im internationalen Seetransportwesen eine dringend erforderliche Maßnahme. Wirtschaftssenator Helmuth Kern (SPD) war die treibende Kraft bei dieser Umstellung. Es ging darum, durch den rigorosen Abbau staatlicher Reglementierungen den unternehmerischen Spielraum für die hamburgische Hafenwirtschaft zu erweitern und so ihre Investitionsbereitschaft und ihre Leistungsfähigkeit zu stärken. Das betraf die staatliche Hafen- und Lagerhaus AG (HHLA) ebenso wie die mit ihr konkurrierenden privaten Hafenfirmen. Die HHLA verlor mit dieser neuen Wettbewerbsordnung im Hafen ihre bisherigen hoheitlichen Befugnisse. Im einzelnen bestimmte die neue Hafenordnung: Künftig sollten alle Kaiumschlagsbetriebe, auch die HHLA, Mieter der Stadt sein. Untermietverträge mit der HHLA wurden abgelöst. Ferner erhielten die HHLA und alle übrigen Kaiumschlagsbetriebe des Freihafens grundsätzlich die gleichen Abfertigungs-, Umschlags- und Lagerrechte. Anstelle der HHLA bestimmte nun die Stadt den Kaitarif und die Kaibetriebsordnung. Grundsätzlich wurden alle Hafenunternehmen im Wettbewerb gleichgestellt.

Reederei-Fusion Hamburg-Bremen: Die Hapag-Lloyd AG entsteht

Nach jahrelangen Verhandlungen und intensiven Vorbereitungen trat am 1. September 1970 die Fusion der beiden bedeutendsten deutschen Reedereien in Kraft. Aus der Hamburg-Amerika-Linie, der Hapag mit Sitz in Hamburg, und dem in Bremen beheimateten Norddeutschen Lloyd wurde die Hapag-Lloyd AG mit Sitz in beiden Hansestädten. Das operative Geschäft wurde jedoch von Anfang an in Hamburg geleitet. Die neue Großreederei kam 1970 auf einen Umsatz von rund einer Milliarde DM: Die Hapag erzielte 1969 einen Umsatz von fast 493 Millionen DM, der Umsatz des Norddeutschen Lloyd lag bei knapp 515 Millionen DM. Die neue Hapag-Lloyd AG verfügte 1970 über rund 1,1 Millionen Tonnen Schiffsraum. Ein Zusammenschluss der beiden Reedereien hatte sich schon vor dem Zweiten Weltkrieg angebahnt, denn beide Unternehmen betrieben gemeinsam Schifffahrtslinien. Vorangetrieben wurde die Entwicklung zur Fusion von den Chefs beider Gesellschaften, Werner Traber (Hapag) und Richard Bertram und Johannes Kulenkampff (Norddeutscher Lloyd). Ausschlaggebend war dabei, dass beide Reedereien angesichts der stürmischen Containerisierung im Seeverkehr vor enormen Investitionen und dazu unter einem ständig steigenden Kostendruck standen. Die Verschmelzung war für beide Gesellschaften das Ende einer über hundertjährigen Tradition. Die Hamburg-Amerikanische Packetfahrt-Actiengesellschaft, kurz Hapag genannt, wurde 1847 gegründet und stieg unter der Leitung ihres Generaldirektors Albert Ballin (1857–1918) in den Jahren vor dem Ersten Weltkrieg zur größten Reederei der Welt auf. Der Norddeutsche Lloyd, 1857 in Bremen gegründet, lief 1876 bereits alle wichtigen Häfen der amerikanischen Ostküste an und erhielt 1884 erstmals das Blaue Band für die schnellste Atlantiküberquerung. Der Norddeutsche Lloyd war der Stolz Bremens und seiner Kaufmannschaft.

Peter Fischer-Appelt – erster Präsident der Hamburger Universität

Mit dem Theologen Dr. Peter Fischer-Appelt (37), der am 1. März sein Amt als Präsident der Universität Hamburg antrat, stand nach Rolf Kreibich (FU Berlin) der zweite Hochschulassistent an der Spitze einer bundesdeutschen Universität.

Das Konzil hatte ihn am 12. Dezember 1969 im fünften Wahlgang gewählt. Im April 1969 war als Reaktion auf die Studentenproteste an der Hamburger Universität die Präsidialverfassung eingeführt worden. Fischer-Appelt, Mitbegründer und zeitweise

Vorsitzender der Bundesassistentenkonferenz, galt vor allem als Kandidat der jungen, nach Reformen drängenden Kräfte. Die Wahlentscheidung des Konzils wurde infolgedessen insbesondere von den Studenten mit Zustimmung aufgenommen. Fischer-Appelt war vorher als wissenschaftlicher Assistent an der Evangelisch-Theologischen Fakultät der Universität Bonn tätig gewesen. Er hatte vor seinem Studium der evangelischen Theologie und Philosophie an den Universitäten Tübingen, Heidelberg und Bonn eine kaufmännische Lehre absolviert und sich während des Studiums nebenberuflich in der Steuerberatung betätigt. Zugleich sammelte er als Vikar Erfahrungen in der Gemeindearbeit. Als Universitätspräsident präsentierte er sich, wie die FAZ ihm bescheinigte, als „Mann des Ausgleichs und pragmatisch umgesetzter Liberalität". Jedoch konnte er in den 70er Jahren scharfe hochschulpolitische Auseinandersetzungen mit zum Teil gewalttätigen Studentenprotesten nicht verhindern. Fischer-Appelts dritte und letzte Amtszeit endete am 31. März 1991.

Neuer Konsum-Tempel in Barmbek: das EKZ Hamburger Straße

Eines der größten Einkaufszentren in Europa nahm am 12. März 1970, noch vor der offiziellen Eröffnung am 8. Mai, den Betrieb auf. Für mehr als 140 Millionen DM war an der Hamburger Straße in Barmbek ein mehr als 600 Meter langer, riesiger Komplex für Großkaufhäuser wie Karstadt und Neckermann, aber auch für zahlreiche Einzelhandelsgeschäfte, entstanden. Dieses EKZ sollte Barmbek und den benachbarten Stadtteilen wichtige wirtschaftliche Impulse geben. Das war auch dringend notwendig, denn bis dahin war die ganze Gegend, die im Krieg schwer unter den Flächenbombardements gelitten hatte, von der Stadtplanung eher stiefmütterlich behandelt worden. Die Karstadt AG eröffnete im EKZ Hamburger Straße ihr 64. Warenhaus, das achte Karstadt-Haus in der Hansestadt, und kehrte damit an einen traditionsreichen Standort zurück, denn schon seit 1928 war Karstadt an der Hamburger Straße ansässig. Das Haus fiel 1943 den Bomben zum Opfer. Das neue Kaufhaus des Konzerns bot auf einer Verkaufsfläche von 7.300 Quadratmetern rund 75.000 Artikel an.

Die Neckermann Versand KG eröffnete in diesem EKZ ihr 35. Kaufhaus mit einer Gesamtverkaufsfläche von 5.300 Quadratmetern, mit eigenem Reisebü-

Grundsteinlegung für das EKZ Hamburger Straße. (Ullstein-du Vinage)

ro, einer Vertretung der Konzerntochter Neckura Neckermann Versicherungs AG, eigenem Kindergarten und 280 Parkplätzen auf dem Dach. Die Fachgeschäfte und Dienstleister, die in diesem Einkaufszentrum als Mieter eingezogen waren, wurden nach einem sorgfältig ausgetüftelten Branchenmix ausgewählt. Das Spektrum reichte von Bekleidungshäusern wie Jaeger & Mirow und Dyckhoff, dem Schuhhändler Görtz, der Hamburger Sparkasse von 1827 und dem Safeway-Supermarkt bis zu Beate Uhse. Im EKZ Hamburger Straße war buchstäblich alles zu haben. Am 6. November 1970 kam mit dem Alstertal-Einkaufszentrum (AEZ) ein weiterer Komplex dieser Art hinzu.

Krise am Deutschen Schauspielhaus: Hans Lietzau kündigt fristlos

Als Hans Lietzau (57), seit einem Jahr Intendant des Deutschen Schauspielhauses, am 11. Dezember 1970 seinen Vertrag mit sofortiger Wirkung kündigte, steckte das traditionsreiche Haus an der Kirchenallee wieder einmal in einer schweren Krise – zum dritten Mal in drei Jahren. Nach dem Abgang von Gustaf Gründgens 1963 kam Oscar Fritz Schuh, dessen Vertrag der Senat nicht verlängern mochte. Dessen Nachfolger Egon Monk ging im Oktober 1968 nach nur 74 Tagen Amtszeit und hinterließ einen Scherbenhaufen. Nun Hans Lietzau: In einem Brief an Kultursenator Reinhard Philipp (FDP) begründete er seine Kündigung mit der Feststellung, der Senat habe durch eine „öffentliche Erklärung dem Verhältnis zu mir die Vertrauensgrundlage entzogen. Diese unvollständige und zumindest irreleitende Erklärung hat mich vor der gesamten Öffentlichkeit des In- und Auslandes in einer Weise getroffen, die mir eine Weiterarbeit aus persönlichen Gründen unzumutbar macht". Er sei der Öffentlichkeit und der Bürgerschaft unmittelbar vor deren Haushaltsdebatte „als Sündenbock präsentiert worden".

Was war geschehen? Der Senat hatte angesichts von Etatüberschreitungen des Schauspielhauses beanstandet, Lietzau habe „die zu beachtenden wirtschaftlichen Gesichtspunkte vernachlässigt und insbesondere dem Besucherrückgang nicht entgegengewirkt". Zu einer zusätzlichen Verschärfung der

Hans Lietzau. (Ullstein-Müller (L))

Situation hatte ein Fernseh-Interview geführt, in dem sich der Verwaltungsdirektor des Schauspielhauses, Gerhard Hirsch, in gereizter Tonlage von seinem Intendanten distanzierte. Dem Ausscheiden Lietzaus folgte ein tragisches Ereignis: Hirsch beging kurz vor Weihnachten 1970 Selbstmord. Der Aufsichtsrat des Schauspielhauses hatte ihn beurlaubt. Die beiden Chefs der Staatsoper, Rolf Liebermann und sein Verwaltungsdirektor Herbert Paris, sprangen ein und übernahmen vorübergehend die Leitung des Schauspielhauses, um die Krise zunächst zu entschärfen und dann zu beenden. Das gelang ihnen.

Im „Onkel Pö" – da spielt 'ne Rentnerband...

Eine Musikkneipe, die sogar international berühmt werden sollte – eine solche Attraktion hatte Hamburg seit dem 1. Oktober 1970, als am Lehmweg „Onkel Pö's Carnegie Hall" ihre Pforten öffnete. Dieser Musikclub wurde zum Mittelpunkt der Hamburger Szene, die in den 70er Jahren für Furore sorgte. Stars wie Udo Lindenberg und Otto Waalkes wurden hier entdeckt oder hatten im „Onkel Pö" ihre ersten Auftritte. Marius Müller-Westernhagen, Al Jarreau, Evelyn Künneke, Helen Schneider, Bands wie „Truckstop" und „Leinemann" – lang ist die Liste der Jazz- und Rockstars, aus deren Karriere das von Bernd Cordua geführte „Onkel Pö" nicht wegzudenken ist. Als die Musikkneipe in der Neujahrsnacht 1986 (die Silvesterfeier dauerte bis 8 Uhr früh) aus finanziellen Gründen den Betrieb einstellte, war die Stadt um ein Mekka ihrer musikalischen Landschaft ärmer.

Literaturverzeichnis

Bahnsen, Uwe: Die Weichmanns in Hamburg, Hamburg 2001

Kopitzsch, Franklin u. Tilgner, Daniel (Hrsg.): Hamburg Lexikon. 3. aktual. Auflage, Hamburg 2005

Pelc, Ortwin: Hamburg. Die Stadt im 20. Jahrhundert, Hamburg 2002

Schütt, Ernst Christian: Chronik Hamburg. 2. aktual. Auflage, Hamburg 1997

Verg, Erik: Vierzig Jahre Hamburger Abendblatt, Hamburg 1988

Verg, Erik: Das Abenteuer das Hamburg heißt. 3. überarb. Auflage, Hamburg 2003

Witthöft, Hans Jürgen: Tradition und Fortschritt. 125 Jahre Blohm + Voss, Hamburg 2002

Auferstanden aus Ruinen

Die zeitgeschichtliche „Hamburger Trilogie"

Uwe Bahnsen u.
Kerstin von Stürmer
Die Stadt, die sterben sollte
Hamburg im Bombenkrieg,
Juli 1943
128 Seiten, mit 38 Abb.,
gebunden
ISBN 3-934613-55-1

Uwe Bahnsen u.
Kerstin von Stürmer
Die Stadt, die leben wollte
Hamburg und die
Stunde Null
224 Seiten, mit 58 Abb.,
gebunden
ISBN 3-934613-82-9

Uwe Bahnsen u.
Kerstin von Stürmer
Die Stadt, die auferstand
Hamburgs Wiederaufbau
1948 – 1960
216 Seiten, mit 94 Abb.,
gebunden
ISBN 3-934613-89-6

CONVENT VERLAG

www.convent-verlag.de